U0128019

# 江西通史

—— 南宋卷第二冊

目錄

# 第四章｜南宋統治下的江西社會

# 第十章｜佛道宗教與風水等習俗

第四章 ──

南宋統治下的
江西社會

紹興十一年（1141）十一月，宋金和議，立下盟書，雙方休
兵息民，各守境土。這個和約，顯然不公平，不僅南宋屈辱地向
金稱臣，而且長年要奉送五十萬銀絹，加重了對臣民的剝削量；
而金人既得土地，又得錢財。在當時的具體條件下，宋金雙方交
戰得出了這樣的結局，也是特定條件下力量對比，相互妥協的結
果，就南宋而言是歷史的悲劇，卻是無法改變的事實。由激烈的
戰亂，轉而休兵，客觀上對雙方比較有利。此後的一百多年中，
雖然還有過幾次交戰，但雙方關係總體上維持著紹興和約的狀
態。軍事對抗過去之後，南宋朝廷著力強化內政，整飭各項制
度，關注科舉文化，營造所謂「中興」氣象，在穩定統治秩序前
提下，嚴密控制州縣，聚斂社會財富。在這種不夠穩定的宋金對
峙環境，和南宋強化統治的急切舉措中，江西地區的社會發展在
曲折中有所進步。

江西地區在南宋統治的棋盤上，處於連接四方的樞紐位置。
江西安撫大使李綱指出：「臣所管江西一路，實為上流，輔翼建
康駐蹕之所，蔽障閩廣，接連荊湖，自江以北控引淮西，去偽境
不遠。豫章、九江、興國三郡，綿地千餘里，皆是要害去處。」
江西路輔翼京師，屏障閩廣，連接荊湖，支撐淮西邊防的戰略地
位，加上隸屬江東路的饒、信、南康三州軍所處區位優勢，就更
明顯增重。因此，朝廷對江西的轄控尤為注意，對江西的財賦需
索尤為迫切，而江西地區社會各個方面的發展，也都和朝廷的舉
措緊相呼應。朝廷中央管轄加強，直接制約著地方社會建設，於
政治文明的提高，經濟事業的發展，主流文化的普及，以及發揮
在國家舞台上的積極作用，通常都是利大於弊的。

# 第一節 ▶ 行政區劃的調整

## 一 行政區劃的新調整

江西在長江中下游南岸，北限大江，南界庾嶺，綿地數千里，一般情況下都以江西為內地，然而鑒於南宋與金長期對峙的態勢，江西絕不僅是內地，所轄江州、興國軍，前臨大江，北望淮甸，才一水之隔，故建炎、紹興間，江西安撫大使均兼節制蘄、黃，強化對沿江的防務。饒州、信州、南康軍三地依然執行北宋區劃格局，與池州、建康府等長江下游州縣合歸一路，加強對江浙的屏障實力。江西南部的吉州、贛州、南安軍大片地區，林峒邃密，跨越閩粵湘三路，素來是「奸人亡命之所出沒」之區。其他州軍的小民，「亦皆輕悍好鬥，殺人於貨之盜，在在有之」。所以，南宋在各路常設安撫使司，稱為帥司，以總統兵戎為職，平時則「建威銷萌，震警奸宄，使盜賊不敢竊取」，一有警急，「則整齊一道之眾」，按朝廷的旨意行動。「凡任帥職者，皆當以治兵為先，而帥江右者尤當以治兵為急」[1]。這是南宋統治者從全局考慮江西的戰略地位。具體區劃狀況如下：

### 1. 江西、江東分轄與南昌城防

紹興元年（1131）正月，恢復了江南東路、江南西路的區劃，以建康府、池、饒、徽、宣、信、撫、太平州、廣德、建昌軍為江南東路；以江、洪、筠、袁、虔、吉州、興國、南康、臨

---

1　真德秀：《西山文集》，卷九，《江西奏便民五事狀》。

江、南安軍為江南西路。紹興四年（1134）七月，將撫州、建昌軍依舊隸江西路，南康軍依舊隸江東路，而江州則改隸江西路。此後，長期維持不變，全江西地區的十三州軍分隸情況如下：

江南西路：轄洪、袁、吉、虔、撫、筠、江州、臨江、建昌、南安、興國軍（轄今湖北省陽新、大冶、通山三縣）十一州軍。江州在北宋時期隸屬江東，南宋鑒於邊防需要，以江州和洪州相為表裡，將它改屬江西，有利於強化長江防線。

江南東路：轄建康府、饒、信、宣、池、徽、太平州、南康軍、廣德軍。饒州、信州、南康軍繼續在江東管轄之下，這既是強化長江中下游之際地區防務的需要，也會增進江西與皖南之間的人際文化交流。南康軍的建昌縣（今永修縣）在鄱陽湖西岸，夾在江州、洪州之間，犬牙相錯，不利於二州的聯繫，江西安撫大使李綱曾經以「措置斥堠，濟渡軍馬，難於號令」為由，要求在防禦金兵過江之時，令建昌縣和南康軍兼聽江西「節制」。

在南宋人眼裡，江東、江西的界限很清晰，江州與洪州中間隔著南康軍，於是鄱陽湖基本上都在江東，只有西南一角屬南昌、新建，坐船來要望到西山才算進入江西界；陸路東北行，過了進賢就是出境。楊萬里曾說：在進賢縣過潤陂橋，「潤陂初上板橋時，欲入江東尚未知。忽見橋心界牌子，腳跟一半出江西」[2]。就江南西路管轄區考察，其重心是贛江中游的撫州、吉州、臨江軍這一片。

---

2　楊萬里：《誠齋集》，卷二六，《過潤陂橋》三之一。

江西首府南昌的城牆狀態，關係著一路的統治威望，對其他州軍有表率作用。宋代南昌城區範圍維持比較大的規模。早在南唐李璟謀劃遷都豫章之時，擴大其城郭範圍，將原本在城外的東湖包入城內，北宋以後基本維持這種狀況。紹興初年，李綱為江西安撫大使，曾收縮城牆北面，以利防守。到了南宋後期，人們看見南昌城牆「綿亘甚闊，而傾圮最多」。嘉定十三年（1220），南昌士紳向安撫使真德秀建議，把南昌城縮小至唐代規模，「瞰湖為城，則城之四面，西北有江，其東有湖，天設之險，殆無以過此」。真德秀同意這個看法，但覺得縮城事關重大，未敢輕言，只考慮維修，改建「圮壞已極」部分。因此，終南宋一代，東湖依然包在南昌城內。

　　江南西路防務力量的配置，有所謂「團結禁軍」，這是不同於其他路的措施。具體做法是在禁軍中挑選強壯者（年齡在 45 歲以下，能使用強弓、硬弩）聚為一營，名曰團結，洪州團結的禁兵計一千人，其他州軍多少不等。對他們的供給，每月增料錢一千。嘉定年間，江西安撫使真德秀奏請增加人數，合一路為一二〇〇〇人，其中隆興府增五百人，通為一五〇〇人，其他州軍均添足員額。

## 2. 新增三個縣治

　　江西十三州軍之下所轄諸縣，只有建昌軍新增新城（今黎川）、廣昌二縣，撫州新增樂安縣，其他十一個州軍與北宋相同。

　　新城縣（今黎川），紹興八年（1138）析置。江西安撫使李綱、轉運使逄汝霖、徐霖聯名合奏：建昌軍南城、南豐兩縣最為

繁劇，非各添一縣則難以「督租賦，息盜賊」。遂於三月二十五日割南城縣東南的豐義、旌善、禮教、東興、德安五鄉置新城縣，縣治在黎灘鎮（今名日峰鎮），隸屬建昌軍。徵取錢糧，鎮住民眾，是設州建縣的根本目的，分戶建縣必須具備充分的客觀需要，才會實現。南城、南豐兩縣的實際狀況，當時陳孔林在《新城縣治記》中說：此二縣「地方綿亙數百里，戶主客餘四十萬」。這確實稱得上是地廣人眾了。唐朝天寶元年（742）撫州共計三萬餘戶，南唐將撫州的南城縣分出來，立為建武軍，北宋初改稱建昌軍，並把撫州的南豐縣割屬建昌。從地域上看，宋代的撫州、建昌軍等於唐代的撫州。而經濟開發的程度已經相差極大，崇寧元年（1102）撫州有十六點一萬餘戶，建昌軍有十一點二萬餘戶，合計二十七點三萬，是天寶時戶數的九倍！人口持續增加至紹興間，一個建昌軍即達四十萬餘，自然構成巨大的統治壓力。正如陳孔林說：

其細民則未免健訟喜爭，租賦不時，盜賊繼作。前此令於兩邑者，質明視事，夜分乃罷，尚或不給，繼以病去，豈特細民之罪邪。[3]

早在徽宗崇寧、宣和年間，地方官已經提請仿照唐朝武德年間，從南城縣分建東興、永城兩縣的辦法，析建新的縣治，但被

3　光緒《江西通志》，卷六八，《建置略・廨宇二》。

擱置下來。武德年間增建的東興、永城，因條件太差，二年後便廢併了。現在，情況根本不同，縣官們勞累病倒，也難了事。建昌知軍汪待舉再次舊事重提，「條析利害，益加詳切」，上報李綱等長官，轉奏朝廷，終於從南城、南豐各分出一個縣。

廣昌縣，紹興八年析置。建置原因和新城縣相同，表述的話語是「（南豐）人口繁伙，疆界闊遠，難於撫字」[4]，轄區是割南豐縣南部的揭坊耆、天授鄉、南豐鄉、興城鄉而來，縣治揭坊耆（今名盱江鎮），隸屬建昌軍。

樂安縣，紹興十九年（1149）析置。紹興十七年三月，崇仁縣丞張泳向江西轉運副使鉤光祖提請創建新縣，他說：崇仁縣地理闊遠，西去吉州永豐縣二四〇餘里，山川險阻，若是發生盜賊，附近諸縣差兵掩捕，數日方到，而盜賊已經出境，或散伏深山林莽之間。等到安撫司調派大兵，會合數十縣巡檢，合力前來伐山搜捉，則山林廣茂，動輒數十里，又糧食應付浩瀚，勢不能久駐，「故雖每擒獲殺戮不為不多，而卒無創艾，其勢使然」。這裡的盜賊難以平息，是因為盜賊的戰鬥力特強？不是。他們不是攻城略地，割地稱王的盜寇。他說：

> 緣其地又近虔化（即寧都）諸縣，居民誘引賊徒入境作過，玩習既久，故四縣遠鄉頑獷之民，見其有得，歆豔從之。晝則執鋤治田，夜則操兵橫行。至於良民，僅得相聚為山寨以自防，而

---

4　同治《廣昌縣誌》，卷之一，《沿革志》。

耕牧之事，則盡廢弛，租稅緣此多致不辦。[5]

　　在撫、吉、虔三州交界之處地這塊丘陵山區，正是便於墾種謀生的所在。所謂「晝則執鋤治田，夜則操兵橫行」，這些人是亦農亦盜；而良民「為山寨」，是因統治力薄弱，有真空狀態地區，只能「自防」。因此，張泳提請仿效建昌軍析建新城、廣昌兩縣的做法，在崇仁、永豐、宜黃、豐城四縣之間新創一縣，以便民眾「漸近教化，賊盜自然不生」。江西諸司同意張泳的建議，轉奏朝廷獲准，於紹興十九年（1149）割撫州崇仁縣天授、樂安、忠義三鄉，吉州永豐縣雲蓋鄉置樂安縣，縣治古塘，後徙詹圩（均在今縣城鰲溪鎮），隸屬撫州。新創樂安縣的建議，本來在紹興初年已經提出，並獲批准，但因永豐縣爭雲蓋鄉，不肯割隸，遂拖延了下來。這次置縣之後，雲蓋鄉的歸屬仍然有反覆。

　　樂安建縣的時間，《宋史・地理志》作紹興十九年，而文天祥《撫州樂安縣進士題名記》稱：「樂安自紹興十八年始置縣」，這點差異可能是因為文天祥記的是江西上奏的時間。

　　整個南宋一代，江西地區共計九州四軍，下轄六十八縣。本書各章內容的討論，都是以這個行政區數量為地域範圍。

---

5　　張泳：《創樂安縣札子》，同治《崇仁縣誌》卷九之六，《藝文志・文征》。

## 二　幾個州縣名稱的變更

### 1. 虔州改名贛州

　　虔州是江西南部的重鎮，關係著周邊閩粵湘州縣的治安，素來受到中央朝廷的關注。朝野上下都明白，「贛州系是本路控扼去處，兼制嶺外兵甲」[6]。所以對贛州長官的任命比較特別，建炎年間，在虔州置管內安撫使。紹興三年十一月任命直秘閣張叔獻、四年七月任命直秘閣王圭為江南西路提點刑獄公事，都對他們寫明「專切制置虔、汀、漳州賊盜」。紹興十五年（1145）罷安撫使，復置江南西路兵馬鈐轄，兼提舉南安軍、南雄州兵甲公事。江西的提刑長官，專責解決虔、汀、漳州「盜賊」，應該是對江西虔州在控扼三省交界地區中戰略地位的重視，也是該地區在政治天平上分量加重的一種表現。紹興二十三年（1153）二月，因虔州駐軍兵變，嫌虔字有虎字頭不吉利，改名贛州。

　　建炎、紹興年間，虔州處於動亂之中，令南宋朝廷不安。建炎四年（1130），虔州民眾反抗官軍強行使用劣質錢幣、縱火肆掠的暴行，而高宗竟然以「隆祐太后震恐」的口實，密令岳飛屠城。多虧岳飛連續上疏，才倖免了大屠殺。不久，虔州又爆發李敦仁兄弟領導的暴動，也是以數萬人被殺結束。然後是雩都固石洞山寨農民武裝被剿滅。到了紹興二十二年（1152）七月二十三日，虔州駐軍東南第六將校齊述、黃明等人，對步軍司差官在虔州「揀兵」很不滿，「以八營四千人叛，脅制者二千人，附賊者

---

6　彭龜年：《止堂集》，卷七，《辭免贛州乞宮觀申省狀》。

又二千人」。齊述率領這八千人攻打州城，殺了駐紮在此的殿前司統制官吳進、安撫使統領官馬晟，控據州城，並有「縱火」行為。齊述等原計劃退出虔州，向南轉移，但被官軍圍堵。駐紮漳州的統制陳敏，是石城人，他得知齊述兵變，認為虔州兵精勁，善於走山路，「若朝廷發兵未至，萬一奔沖，江、湖、閩、廣騷動矣」。他不等上司命令，即領所部三千兵疾走七天，「徑抵贛圍其城，逾月」[7]，拖住了齊述。官軍大造攻城器械，砍木輋石，挖築甬道，接近城牆。十一月二十三日，高宗調派的龍神衛四廂都指揮使、知虔州李耕等人，率諸路兵趕到，攻入城內，經激烈巷戰，「盡取叛軍誅之」。起義士兵有的被殺戮，有的溺死贛江。官軍「斂賊骨築京觀」，以示鎮壓之威。[8]齊述等叛兵據城一一二天的事實，使南宋朝廷對虔州的統治非常擔心，思索為什麼這裡「多盜」？紹興二十三年正月，秘書省校書郎董德元（樂安人）對高宗說：「虔州謂之虎頭城，非佳名。今天下舉安，獨此郡間有小警，意其名有以兆之，望賜以美稱」。經過中書省諸大臣議定，於二月辛未，改虔州為贛州，以求禳災。

虔州改名贛州，映射血光之災，若干年後，詩人劉克莊回味此事，思緒萬千，認為此地有太多危險，需要教化。他在《寄章

---

7　《宋史》，卷四〇二，《陳敏傳》。陳敏，字符功，虔州石城縣人，精騎射。曾在紹興初年打敗李敦仁。這時以閩地多寇，北兵往戍，不習水土，楊存中薦舉陳敏，在當地招募三千兵，置為左翼軍，以敏為統制，駐紮漳州。破齊述，陳敏累功授右武大夫。

8　嘉靖《贛州府志》，卷十一，《文藝・章貢記功碑》。

貢姚別駕》中說：

　　贛江當日血成川，誰肯身馳不測淵。尺檄約降諸峒靜，單車
擒叛一城全。

　　帶刀俗染唯新化，橫槊詩看第幾編。想與元龍談世事，亦憐
疎拙老林泉。


　　虔化縣，以同樣理由，於同時改名寧都縣。

　　此外，龍南縣的縣名在宣和三年（1121）曾改名虔南，旋即
恢復舊名。到了紹興元年（1131），江南西路監司提出廢並龍南
縣，以便縣官不進入瘴氣深重之區，避免染上瘴癘，但虔州知州
高夔反對，沒有實施。

## 2. 洪州升為隆興府

　　孝宗隆興元年（1163）十月，洪州升為隆興府。孝宗繼位之
前，於紹興三十年封為建王。三十一年（1161）十月，加官為鎮
南軍節度使。三十二年五月，立為皇太子。六月，高宗讓位，由
皇太子即皇帝位。第二年改年號為隆興元年（1163），十月辛
巳，因洪州是鎮南軍節度使所在，而孝宗曾以親王遙領此銜，是
為「潛藩」，故「升洪州為隆興府」，表示對「今上」的尊敬，
也借此提高當地的聲望。在宋代行政區系列中，府、州同級，但
府比州的地位較尊。洪州本是江西一路的衝要之地，又是首府之
區，素來為藩鎮所在，故隆興府列為「都督府」，低於朝廷所在
的京府（臨安府），而高於一般的次府。

　　洪州升為隆興府的時間，應以《孝宗紀一》記事為準，《宋

史・地理志》作「隆興三年」，誤。隆興只有兩年，第三年正月初一即改年號為「乾道」。從事情本身來說，升隆興府表示對新皇帝之尊敬，當地官民以為無上榮幸，絕不會遲鈍至兩年之後才表示。

### 3. 筠州更名瑞州

筠州的名稱，在南宋曾有兩次變動，一次是紹興十三年（1143）增加一個高安郡名稱。當年莊綽來筠州任知州，此前他以南雄州治保昌縣，奏請給南雄州增加一個保昌郡的名稱，現在他又上奏：「江西七州四軍，其六州有郡名，而筠無有，願即所治縣名為高安郡，得視南雄，以幸一方，財物無所費，恩數無所加也。」朝廷要江西監司衡量此事，江西長官報告：屬實，有道理。紹興十三年正月，朝廷批准增加高安郡名。於是，筠州衙門「新門匾，榜侈上賜，以示邦人」[9]。莊綽的理由是洪、吉、虔、袁、撫、江六州都另有郡名，獨筠州沒有，所以要求參照保昌郡的先例，賜一個郡名。這種差別的形成，是因為宋朝流行州名之後綴出原來的郡名，各州都是如此，江南西路的洪州等六州都是漢至南北朝時期建立的，原有郡名，隋唐時期才改郡為州，又保留郡名，如稱洪州豫章郡、吉州廬陵郡、虔州南康郡、袁州宜春郡、撫州臨川郡、江州潯陽郡。在江東的饒州稱鄱陽郡，信州稱上饒郡。筠州後出，唐武德五年（622）以洪州高安縣置靖州，七年改米州，又曰筠州。八年遂廢。南唐保大年間才穩定下來，無建郡

---

9　黃彥平：《三余集》，卷四，《高安郡門記》。

的歷史，故沒有郡名。所以，莊綽奏請添加郡名，彌補欠缺。

　　第二次是更改名稱。嘉定十七年（1224）閏八月，寧宗去世，史彌遠傳遺詔，立侄貴誠為皇子，更名昀，即皇帝位，是為理宗。十一月，詔改明年為寶慶元年（1225）。十一月癸亥，因筠州與理宗之名（趙昀）音相近，需避諱，下詔改為瑞州。從南唐中主李璟保大十年（952）正式建立筠州，穩定地發展至寶慶元年，筠州之名使用了二七三年。

## 三　官司分布與兵防設置

### 1. 路分監司的分佈

　　宋朝在各路設置轉運司、提點刑獄司、提舉常平司、安撫使司等機構，它們的職責既有側重，卻都有監督州縣之權，故而都是「監司」。洪州升為隆興府，作為江南西路首府的地位更顯尊貴，然而在官司設置方面，朝廷注重統治實效，並沒有全都集中在洪州，而是分處三地：轉運使司駐南昌，朝廷上認為，江西是繁劇的地區，對出任轉運使的官員特別叮囑：「（江西）漕挽之權重於它路，非獨財賦灌輸京師者多，亦以士民繁伙，凡百倍費區處，自匪真才，豈能膺此遴選」。側重社會治安方面看，贛州、南安軍一帶是重點地區，故而刑獄和軍事鎮壓力量擺在南邊，提點刑獄、兵馬鈐轄兩個衙門設在贛州。撫州是贛中腹地，人口稠密，稻米豐足，有撫河連接贛江、鄱陽湖，財賦量大而轉輸繁忙，所以江西提舉常平茶鹽公事衙門長期設在撫州。淳熙六年（1179）十二月，陸游提舉江南西路常平茶鹽公事，說「治在撫州，其東是為廣壽禪院，每出輒過焉」，由此和寺僧結緣，為

其寫了《撫州廣壽禪院經藏記》。咸淳七年（1271）四月，撫州知州黃震報告說：「本州又系常平置司之地」。[10]

饒州鄱陽，是江南東路的提舉常平司、提刑司治所。高宗時期，在鄱陽設置江東提點刑獄治所，後來又將提舉常平司官署設在此地。洪邁記載說：紹興十二年（1142），洪興祖「為江東提刑，治所在鄱陽」[11]。寧宗嘉定年間，袁甫任江東提點刑獄、兼提舉常平，將二司衙署並設鄱陽。

## 2. 贛州的兵防設置

贛州雄踞江西南部，其南限嶺表，東接閩境，西連湖湘；北則自廬陵至於豫章，皆在贛江下流，所以是江南西路最為控扼之地，兼有節制嶺外兵甲的作用。當地人勁習武，特異他郡。北宋時設置在虔州的廂兵有雄略、武雄、澄海、威果、全捷、威勝及兩忠節，凡八指揮，額管將兵四千人，神宗熙寧、元豐期間推行將兵法，這裡劃為東南第六將。

南宋以後，常差殿前司統制官一員，量帶部曲，或於諸處抽差大軍在贛州駐紮，謂之提舉將兵。又選擇「方略過人，望實素著」者為之知州，兼帶管內安撫使，用意是使守臣節制提舉官，節制第六將，故能上下相維，一方晏然。「間遇傍郡及鄰路有盜賊、蠻徭之患，皆賴其力指期平殄」。自紹興和議以後，贛州知

---

10　黃震：《黃氏日抄》，卷七五，《乞借舊和糴賑糶並寬減將來和糴申省狀》。

11　洪邁：《夷堅志》，甲卷一，《梅仙遇人》。

州罷去管內安撫之權，「而守、將用人浸輕，往往措置乖方，紀綱不立，馴致紹興二十二年齊述之叛」。當時朝廷對虔州動亂的現象，不深究致亂的根源，只是單純考慮減少當地的駐軍，於是將原有的八營廢並六營，只存兩營。卻另外招刺吐渾一五〇〇人，雄威五〇〇人，替代駐紮大軍。

其後又將吐渾、雄威兩營兵調往荊南等處，而贛州專置雄略、武雄、澄海、威勝四指揮，共有將兵二千人。然而，既無他兵可以相互制約，故平居散漫不遜，臨事桀驁自如，非但不獲其用，常恐反成地方之害。淳熙元年（1174），將贛州駐兵遣戍九江，駐防期限結束，未能及時回歸，他們遂不辭而別，藐視軍紀。淳熙二年調他們收捕茶 ，「進退失律，迄無成功」。

朝廷對贛州的防務深感憂慮，有人提出在吉州添置一軍，與贛州駐軍既相互配合，又是一種制約，「密為之備」。時為兵部侍郎的周必大認為，這個措施「誠得先事預防之意。然吉州至贛凡四百里，川陸俱險」。自贛州至吉州，走陸路是由高山而下平地，水路則順勢過贛石十八灘，皆有建瓴之易。反之，由吉而上贛州，乃有登天之難。權衡輕重利害，吉州添置一軍的辦法「恐未足銷未形之患」。周必大建議，參照紹興二十二年（1152）以前舊制，增加駐贛州的軍馬，強化當地的鎮壓力量，以便「逆折奸萌，使一路得以奠枕。萬一湖南、閩、廣小有盜賊，亦可就近調發，不必遠勞大軍」。[12]

12 周必大：《文忠集》，卷一三八，《論添注贛州軍馬（淳熙二年十二月

對駐紮在贛州、南安軍的兵卒，有嚴格的紀律約束。曾有南安軍管下的五十六名寨兵，因錢糧支給不足，在謝辛的率領下，走到贛州管轄的縣衙投訴，被認為是「挾眾劫持」，「全不知有軍律」，以「若不重置之法，何以令其餘」的理由，將為首的謝辛押赴市曹處斬。[13]

### 3. 東西兩縣尉並置

縣尉各縣通常設一員，在主簿之下，而俸賜相同，職掌閱習弓手，戢奸禁暴，是維護社會治安的官員。擔任過縣尉的官員，感覺到職責不在知縣之下，「蓋一縣獄訟之大者，爭訟則有定驗，盜賊則有追捕，殺傷則有檢證，皆倚辦於尉」。由於縣尉職責繁重，故「邑大事煩」的地方設置兩員，如鄱陽設有東、西兩縣尉。贛州各縣因訟事尤繁，設兩尉的更多，其中二尉並置文官的，是贛縣、瑞金、會昌三縣；一文一武的是寧都、興國二縣。

贛縣的縣尉，素來設置東西兩員。乾道八年（1172），洪邁《贛縣東尉署記》說：「贛尉分東西久，皆治郡下，仍其方以居」。後來東尉廨署毀於兵，遂寄居西尉所在，遷延將近三十年，然後才找了一塊地基，新建尉署。臨川土豪曾千齡，納粟得官，充任贛縣的東縣尉。

會昌縣的東縣尉，紹興二七年（1157），廬陵羅良弼通過廷

---

二十三日）》。

13　《名公書判清明集》，卷十一，《寨兵自擅挾眾越境訴縣不支錢糧斬為首者》。

試，授迪功郎，「調贛州會昌東尉」。他帶著家小上任，當地士紳「虛室以館之」。他平日既要負責捕盜賊，治疑獄，也「分鄉督租，獨毫忽無擾」。隆興二年（1164）羅良弼病卒，在任長達六年多。

雩都縣號稱壯縣，「民頑地廣，爭訟、盜賊、殺傷之事視他邑數倍，乃獨置一尉」，導致弊端嚴重。寧宗時期，幾任雩都縣尉都是武人，或出於武人之門蔭，他們對於民情利病全不諳曉，一切由胥吏決定，只管署名。甚至不識字，需要別人代簽，「唯知恃粗豪以虐使其下，肆掊擾以求厭其欲。邑之滯訟不得而決，逋寇不得而獲，冤獄不得而直，徃徃由此」[14]。這是大縣只設一尉導致的不良案例，旁證了一縣兩尉的必要。


## 第二節 ▶ 富裕大家族與鄉村社會建設

### 一 大家族在地方上的積極作用

各州軍都有著名的官宦大家族，例如：吉州泰和的肖氏，盧陵的歐陽氏、胡氏、彭氏、張氏，永新的譚氏，永豐的董氏、曾氏，安福的周氏、曾氏，龍泉（今遂川）的孫氏；洪州豐城的黃氏；臨江軍新喻的肖氏、謝氏，等等，都是人們稱許的家族。饒州餘干縣趙汝愚，是宗室後裔，官至右相，其父以純孝聞，其子

---

14　陳元晉：《漁墅類稿》，卷一，《乞換雩都武尉劄子》。

第四章・南宋統治下的江西社會

能守家法，「聚族而居，門內三千指，所得廩給悉分與之，菜羹疏食，恩意均洽，人無間言」。鄱陽的洪氏家族，在洪邁兄弟時期達到鼎盛階段，其裔孫洪槻，繼承父祖遺風，「唯市書教子，以清白傳家」。德興的張氏家族，從北宋張潛到南宋張燾，是久已聞名的浸銅世家兼官宦大族。吉州周氏家族，因周必大官至宰相而聲名遠震；楊氏家族，以楊萬里的才華而著稱。臨江軍劉氏家族，有「墨莊」傳統和劉靖之、劉清之兄弟的理學教育而盛大。再如臨江軍張洽、南康軍曹彥約、信州湯漢等人的家族，都以傳承理學而為望族。撫州金溪的陸氏家族，則以三陸子之學及其出色的治家方式，為四方矚目。就整個宋代三百年的長時段衡量，據元代吳澄的評判，撫州文物聲明甲於江西，最盛的家族在北宋時期人們只說以樂、曾、王、蔡、晏五姓為首，到了南宋就需加樂安的董姓，因為新建立的樂安縣轄區，包含了原吉州永豐縣的雲蓋鄉，董氏的故居在雲蓋鄉（今樂安流坑村）。論官爵之崇高，王、曾、晏居最，樂、蔡次之。論進士之多，曾、蔡、晏居最，王、樂次之。樂安雲蓋鄉之董，「計其科名多於曾、蔡，與晏校其爵位，亦在樂、蔡之上」[15]。

　　把目光轉向平民社會，我們看到豪富大家族，在生產領域處於主導乃至壟斷的地位。農業生產資料——耕地的大部分被大富豪占有。撫州知州黃震告訴世人：臨川縣南塘鄉的富豪饒氏，住在七十七都，而延壽鄉之七十六都、七十八都、長壽鄉之六十三

---

15　吳澄：《吳文正集》，卷三二，《雲蓋鄉董氏族譜序》。

都，「皆是饒宅寄產去處，到處人煙皆是饒宅佃戶」[16]。所以，他說：「近世有田者不種，種田者無田，爾民終歲辛苦，田主坐享花利」。富室對水域的占有也很厲害，鄱陽湖區的池塘湖泊，多控制在大家族手中。東南部饒河、信江與湖水交匯處，泥沙淤積，溪水瀰漫，河港縱橫，洪水期被淹為湖面，而湖水低落之後便是無數個小湖、池塘，盛產魚蝦。例如，余灘江口「田野皆為陂池」，許多農戶以捕魚為生。豪強大族將湖池占為私家所有，壟斷水產資源。鄱陽彭仲光占有的彭家魚湖，在縣城三十里之外；大富豪趙氏有趙氏池，並且控制著大批小戶漁民，「漁戶數百，悉其部曲」[17]。部曲不等於是家族成員，然而趙氏有實力使數百人家聽從命令，他在湖區漁業中的壟斷勢力之大可想而知。

各地的官紳家族，大致上說都會主動參與地方事務，協助州縣官府實施統治，發揮積極作用。主要表現在五個方面：

條陳社會弊病，充當州縣長官的參謀。如陸九淵對金溪蘇知縣先後寫信，仔細剖析臨江之新淦、隆興之奉新、撫之崇仁三縣之間，「有請佃沒官絕戶田者，租課甚重，罄所入不足以輸官」的緣由以及導致「增租剗佃」的後患；指出一縣之長應該致力於賦稅徵收，避免出現「簿書不理，吏胥因為紊亂，為長吏者難以稽考，吏胥與奸民為市，使長吏無所窺尋其蹤跡。」歐陽守道給

---

16　黃震：《黃氏日抄》，卷七八，《四月二十五日委臨川周知縣出郊發廩榜》。

17　周必大：《文忠集》，卷一七一，《南歸錄》。

吉州王知州上書，直率地指出吉州的賦役、盜賊、城內的癘疫等弊病，並提出了治理方法建議。

組織鄉民武裝，維護家鄉社會治安。如金溪的陸氏、鄧氏、傅氏，都在鄉閭組織民眾習武，一旦發生盜寇，即能有效地保護家族的生命財產，同時維護鄉里的社會治安。

興辦家族書院，發展文化教育事業。各地有大批民辦書院，承擔起本家族或鄉鄰子弟的文化教育職責。尤其是那些學術型家族如鄱陽洪氏、金溪陸氏、吉水楊氏、清江劉氏、徐氏、餘干趙氏等，都有各自的家學傳統優勢，孕育了不少學有所長的菁英，在經學、史學、文學、醫學、堪輿和宗教等傳統學術領域作出了可貴的貢獻。

熱心公益事業，如糶糧賑災、興辦社倉、贊助貢士、修橋鋪路等，增強了社會發展後勁。咸淳年間，撫州知州黃震奏報說，在撫州旱災賑濟災民中，有不少富豪開倉糶糧，其中宜黃縣譚都的譚槐糶米共三四六一七石；又譚巡轄糶米共三一二一七石；樂安縣黃與孫共糶米一三〇〇〇石；金溪縣危運干糶米八四〇〇餘石，並勸諭諸鄉上戶糶米一七〇〇〇餘石；臨川縣晏時可糶穀八九〇〇餘石，米三〇八〇石。

倡行忠孝倫理，和睦鄉鄰。鑒於家族的興衰聚散，富貴與貧賤變易不常，「貧富無定勢，田宅無定主」，世人不斷總結治家保族的經驗教訓，對大家族的理解有了更深的含義。所謂大家族，非謂「親屬盛，常業厚，仕宦眾」，不要只看其當前的氣焰，而應「以孝友保其家，知取予守其業，傳詩書亢厥宗，斯可

謂之大矣」[18]，需著眼於長遠，注重人的品行，對財富的取捨原則以及培養教育子弟。士大夫們基本上都贊同以孝友保其家，以詩書教養子弟，以仁義和睦鄰里。南康軍鄉豪胡泳，自家兄弟孝友，同居無異爨，男女無閒言，闔府和睦親愛；又制訂鄉約，「推其施之家者而達之鄉」，要求鄉鄰「平居則相友相助，有急則相救相賙」。嘉定八年（1215）夏，黃幹評議胡氏的鄉約對風教大有裨益，有利於轉變「禮教不明，人欲滋熾，利害相攻，情偽相勝，一室之內，父子兄弟乖爭陵犯」的不良風氣。黃幹希望通過胡氏鄉約，「諗其鄉人，使知其合於古誼，相與守之而勿替」[19]。

至於一些豪強勢家，武斷鄉里，甚至殘害小民，則激化了社會矛盾，例如建昌軍的譚、趙二姓五家豪強，殘酷剝削佃戶，逼得佃農奮起反抗。這種破壞性的消極作用，將在下節敘述。

富豪家族參與社會建設活動，是地方傑出人士的獻身精神的表現，是他們實踐平生所學，關注國計民生的具體行動，同時也是州縣官員精心吏治、興利除弊的實在政績。有的學者將這些家族「菁英」的活動描述為地方自治，說是填補國家權力空缺，只強調家族菁英的個人行動，忽視州縣長吏的行政實踐，顯然是一種偏執。在南宋的社會歷史條件下，州縣官府在治理地方時，十分依靠鄉紳和大家族，是自然而合理的決策，不失為明智之舉。

18　周必大：《文忠集》，卷七五。
19　黃幹：《勉齋集》，卷二二，《跋南康胡氏鄉約》。「諗」（shěn），勸告。

在農業經濟時代，土地集中於富家大族，租佃制生產關係已經居於統治地位，而官紳大家族是基層政權的基礎，州縣衙門得到他們支持，也就管住了普通農民，就不會出事，長官們就有政績。朝廷旌表「義門」，著眼點正在於「義門」表率鄉閭的效應。

大家族參與的公益行動，有的出於自願，有的則是州縣督責的結果。例如，黃震在撫州賑災，是以官府權威嚴厲敦促富豪之後，才收到成效。鄉民武裝組織，完全是在官府許可的範圍內活動。興辦家族書院，客觀上有益於社會，而其主觀用意全然是為本家族謀利。

## 二　「義門」家族的生活

### 1. 金溪「義門」陸氏家族

金溪陸氏家族，在孝友、詩書、仁義三方面，是比較特出的望族。其家據傳是唐宰相陸希聲之後，希聲之孫德遷居吳，後遭唐末之亂，遷居撫州之金溪，「解橐中裝，買田治生，貲高閭裡」。此後一百多年間，德遷生有程，有程生演，演生戩，戩生賀，家境雖然富裕，卻不見宦績記錄。陸賀主持家族時期，以經營藥店為主，田地不多。陸賀有學行，為鄉里敬重，他採用司馬氏《冠昏喪祭儀》，治理家族。生育六子：九思、九敘、九皋、九韶、九齡、九淵。家族教育成效顯著，治家的家法也已臻於完備，家族進入鼎盛階段。陸氏與北宋江州「義門」陳氏比較，有基本相同點，又有具體方式上的明顯差異。

九韶、九齡在家族建設中發揮了大力氣。「九韶以訓戒之辭為韻語」，並著有《家制》。九齡繼承父志，「益修禮學，治家有

法」。經過幾代人的努力，陸家已是「合門百口，男女以班，各供其職，閨門之內，嚴若朝廷」；「其家累世義居，一人最長者為家長，一家之事聽命焉。選子弟分任家事……子弟有過，家長會眾子弟責而訓之；不改，則撻之；終不改，度不可容，則言之官府，屏之遠方焉」。[20]

對陸氏的治家規制，南城包恢介紹說，其家法分為大綱、小紀兩部分，「大綱則有正本、制用，上下凡四條；其小紀則有家規，凡十八條。本末具舉，大小無遺。雖下至鼓磬聚會之聲，莫不有品節，且為歌詩以寓警戒之機焉」。包恢對陸氏治家的綱紀，給予了很高的評價，認為它使「三代威儀盡在於此」，即是完全遵照封建國家的模式生活著。

幾代人堅持以禮法治家，所謂禮、法，就是倫理綱常之禮，尊卑貴賤之法，等級轄制像朝廷一樣嚴格。「義居」的實際，是以家長的權威為前提，子弟的言行是否有過失，用禮法衡量；處置「終不改」者，告訴官府，「屏之遠方」，即是流放。顯然，在笞杖徒流死五刑之中，除了死刑之外，家族內都有，他們確實是為官府有效地管束著家族內的眾多下層民眾。這些內容，大致上可以看做是其「大綱」。

陸氏家法的「小紀」，以及陸九韶寫的韻語，在羅大綱《鶴林玉露》中有一段文字，可以窺見一斑。原文是：

---

陸象山家於撫州金溪，累世義居。一人最長者為家長，一家之事聽命焉。逐年選差子弟分任家事，或主田疇，或主租稅，或主出納，或主廚爨，或主賓客。

公堂之田，僅足供一歲之食。家人計口打飯，自辦蔬肉，不合食。私房婢僕，各自供給，許以米附炊。每清曉，附炊之米交至掌廚爨者，置歷交收；飯熟，按歷給散。

賓至，則掌賓者先見之，然後白家長出見，款以五酌，但隨堂飯食；夜則厄酒杯羹，雖久留不厭。

每晨興，家長率眾子弟致恭於祖禰祠堂，聚揖於廳；婦女道萬福於堂。暮，安置亦如之。

子弟有過，家長會眾子弟責而訓之；不改，則撻之；終不改，度不可容，則告於官，屏之遠方。

晨揖，擊鼓三疊，子弟一人唱云：「聽聽聽聽聽聽聽，勞我以生天理定。若還惰懶必飢寒，莫到飢寒方怨命。虛空自有神明聽。」又唱云：「聽聽聽聽聽聽聽，衣食生身天付定。酒食貪多折人壽，經營太甚違天命。定定定定定定定。」又唱云：「聽聽聽聽聽聽聽，好將孝悌酬身命。更將勤儉答天心，莫把妄思損真性。定定定定定定定，早猛省。」

食後會茶，擊鼓三聲，子弟一人唱云：「凡聞聲，須有省，照自心，察前境，若方馳騖速回光，悟得昨非由一頃。昔人五觀一時領。」乃梭山之詞也。[21]

---

21　羅大經：《鶴林玉露》，丙編卷五，《陸氏義門》。

這份韻語頌詞是梭山九韶寫出的。九韶的思想就是特重日用常行，解決生活實際問題。陸氏家法確定的生活規矩，首先對家長只看重輩分，沒有強調德才。分管各項事務的子弟，也沒有關於才德品行的考核。這是陸氏不同於「義門」陳氏，或者說不如陳氏的一點。

其次，顯著區別於陳氏的地方是，小家庭經濟相當發達。「公堂」田畝所得糧食，只管「家人計口打飯」。各私房的婢僕，公堂不管，由各自解決，只可以拿米來「附炊」。其次，家族食堂只煮飯供應，蔬肉各小家「自辦」。在大鍋飯周圍是眾多熱氣騰騰的小鍋菜，所以其「合爨」是很有限的。這是家族共有和小家私有並存發展的生動證明。

第三，家族內的人際關係複雜，在家族成員之外，還有不少的奴婢、僕從，他們以米附炊，置歷交收，按歷給散，嚴格管理之中體現著「公私」利益界限。由此看出，陸氏聚居是鬆散的小家庭聯合，「共有」的經濟基礎很脆弱，而私房經濟很活躍。

第四，每天唸誦告誡之詞，這是為了防止小傢俬有的膨脹，遏制私利對「共有」的競爭，別具匠心想出的強化思想控制的辦法。在這方面最集中的顯示了陸氏聚居的特色。告誡之詞的核心是強調天理主宰一切，制約人欲膨脹。私房經濟興盛，必將危及家族共居，為此家長提出「戒貪」，不准「妄思」，告誡「經營太甚違天命」。他們提倡的保住「真性」的辦法，是照心、猛省、頓悟，即是追求自我覺悟的修養功夫。他們堅持天天念，早晨念，飯後念，打鼓擊磬，莊重肅穆，十分認真。但這恰恰透露出私房「經營太甚」的趨勢，而這是難於抗拒的。要求眾子弟

「將孝悌酬身命」，維護家長的尊嚴和統治地位，然而婢僕侍候，蔬肉自辦的現實，首先是來自尊長，不可逆轉，於是將富貴貧賤的差別辯解為「天理定」。

「昔人五觀一時領」一句，是借用佛教的思想資料，繼承前輩自覺修養的一種方式。「五觀」就是「食時五觀」，或曰「食時訓」，即是吃飯之時從五個方面反省自身。

儒家學者把「食時五觀」借鑑過來，作為自家「修身」的資料，和思想修養的方式。黃庭堅對佛門「五觀」作出儒家的解釋，寫成《士大夫食時五觀》一文，即是範例。

陸九韶吸收「食時五觀」的思想資料，既是他將儒學理論和日用常行結合的體現，也是「五觀法」思想日益擴散的證明。陸家堅持的食時之訓，雖然沒有徵引「五觀法」條文，卻貫徹了其旨意，是「食時訓」思想逐漸成了群眾性的日常訓誡的反映。

嘉泰二年（1202），陸九思的兒子陸煥之，將祖傳家法文本拿給陸游看，陸游讀之累日不厭，認為假使學者皆能如此，有誰還能提出批評；即使有人說話，至少我自己無愧。陸游命兒子抄寫一份，以便隨時閱讀。[22]

理宗淳祐元年（1241），金溪縣將陸氏家族義居事蹟上奏。二年九月，敕旌陸氏義門，制文說：「青田陸氏，代有名儒，載在諡典。聚食逾千指，合爨二百年。一門翕然，十世仁讓。唯爾睦族之道，副朕理國之懷。宜特褒異，敕旌爾門。光於閭裡，以

22　陸游：《渭南文集》，卷二九，《跋陸子強家書》。

勵風化」。[23]淳祐六年（1246）正月，旌表陸氏義門的朝命下達至撫州，知州趙時煥大書「道義理」、「旌表名儒之家」，令刻石於門。

對於陸氏的義居，南城包恢給予很高的評價，認為陸學灌輸了儒學理義的結果，絕非張公藝式的勉強聚合可比。他說：「門閭之高，不唯其世，唯其人，此古今之所尤難者」。陸氏有九齡、九淵二大儒，有梭山的治家制度，使「三代威儀盡在於此」。聚居很難，何況累世乎。包恢認為：「名曰義居，安得人皆知義，不過強合爾。如張公藝九世之出於忍是也。若陸氏則世世師聖賢，人人知理義，所謂居廣居、行大道者，乃其家所素習。視彼徒聚夫眾以養口體，如張公藝之堅忍以持久者天壤異處矣。」[24]包恢之論自有其道理，若是往下展開考察，陸家素習的「三代威儀」不再起作用，其小鍋菜的事實已將合爨瓦解。此後，不見有陸氏「義門」的記錄。我們不妨斷言，理宗的旌表頒發之時，大約就是陸氏「義門」結束的開始。

## 2. 德安「義門」陳氏家族

北宋「義門」陳氏，在朝廷褒獎的鼓勵下，家族自身的凝聚力日益巨大，聚居觀念深入人心，雖然由於朝廷強制干預，在嘉

---

23　《象山全集》，卷三六，《年譜》。按，羅大經《鶴林玉露》丙編卷五，《陸氏義門》條所載旌表制文，與此文字有差異，如「聚其族逾三千指」，「部使轉以上聞，儀曹請為褒別。事關風教，須議指揮」。據此，這次的敕文不是最後的旌表敕文。中華書局一九八三年版。

24　同治《金溪縣誌》，卷三三之四，包恢《詔旌青田陸氏十世同居記》。

祐七年（1062）分家了，但是「義門」的思想觀念並未消失。南宋中期，留在德安祖居地的一支陳氏，再次過著家族同財共居生活。嘉定五年（1212）二月十四日，江州上奏：德安縣進士陳炎家族「自建炎以來，高祖至炎及孫，委實七代同居，有一百餘口，自幼至長，不蓄私財，鄉里父老，眾所共知。乞加旌表。詔與特賜，旌表門閭，仍令長吏致禮」。[25]陳氏從奉命分家到再度同居合食，又一次證明其家「義居」的實在性。法律基於強制，禮義則系人情，社會中不可能專以法制駕臨民眾頭上，立規矩是要警戒不率教分子，而更多的老實群眾皆需以道義相處。故此陳氏家法對家族上層立定的德才標準，十分有利於以身率教，在家族內形成良好的生活環境，使義居習慣深入人心，成為優良傳統，因而具有持久的生命力。

陳氏「義門」的生活實踐，長期成為一種居家樣本，不時有人推薦他們。寧宗嘉泰年間，周必大鼓勵安福朱景源、景云兄弟和睦相處，將自己刻印的《江州陳氏義門碑》送給朱氏兄弟，以廣其傳播，同時賦詩曰：「四始昭垂棠棣詩，九江屹立義門碑。請君更學張公藝，忍字常為一字師」。在周必大看來，兄弟之間相處，要有九江義門的規矩，又需要遇事多忍讓。

在封建私有制度強烈衝擊下，「義門」家族內的不孝、不義、不友之行，「經營太甚」之舉，時刻在發生。上而皇位繼承，下而分家析產，無不充滿殘酷的明爭暗鬥。從朝廷到百姓，

---

25 《宋會要輯稿》，禮十六之十三。

所謂孝義都是有條件的，有的只是表面文章。「義門」家族中人有的忠誠本分，有的爭鬥利害，在私房經濟的不斷衝擊下，聚居的軀殼必然破裂，最終消亡。

「義門」陳氏的一個成員，在南宋末年的史蹟中留下了一筆記憶。高安陳仲微（1212-1283），字致廣，其先為江州德安「義門」，嘉祐分家時遷居高安，遂為筠州人。其家殷富，仲微生長於富貴，而惡衣菲食，潛心學術，涵飫《六經》，於諸子百家、天文、地理、醫藥、卜筮、釋老之學，無不搜獵。嘉熙二年（1238）舉進士，調福建莆田縣尉，年輕有為，受命代理知縣。遇歲凶，兵卒併飢民作亂，他立誅首亂者，維持局面。同時籍沒閉糴者的糧食，壓抑強購存糧，使縣內渡過饑荒，一境靜肅。歷遷通判黃州、江州，江西提點刑獄，忤賈似道，罷官。多年之後，起知惠州，遷太府寺丞。他奏言：「祿餌可以釣天下之中才，而不可啖嘗天下之豪傑；名航可以載天下之猥士，而不可以陸沉天下之英雄。」觸怒賈似道，再罷，很久之後才復職。

南宋國勢已經危急，仲微上奏說：襄陽兵敗失守的責任，不專在庸帥、疲將、孩兵，「君相當分受其責」。南宋長期執行駕控邊將的政策是：「閫外之事，將軍制之，而一級半階，率從中出；斗粟尺布，退有後憂。」由於統帥、將軍們「平素無權，緩急有責」，遭遇兵敗必然申辯，「故廟堂不得不掩惡於敗闕之後，有謀莫展，有敗無誅，上下包羞，噤無敢議」。他呼籲「君相幡然改悟，天下事尚可為」，認為「轉敗為成，在君相一念之

間」[26]。仲微赤誠的忠諫，沒有能改變君相之一念，自己被出為
江東提刑。

德祐元年（1275），遷秘書監，尋拜右正言、左司諫、殿中
侍御史。益王即位海上，拜吏部尚書、給事中。厓山兵敗，仲微
避走安南。越四年卒，年七十二，葬在安南。其子陳文孫與安南
王族人益稷降元，並引導元軍進入安南。「安南王憤，伐仲微
墓，斧其棺」。

### 3. 鉛山、弋陽周氏等家族

聚族而居，保持家族人丁眾多、田產富實的氣象，是對現實
利益的追求，而踐行孝友倫理，消解家族內部紛爭，則是精神支
柱的強化。南宋社會依然是分戶析產與同財共居並存，儘管析產
分戶，藉以降低戶等，早已是社會主流，然而堅持聚而不分的家
庭仍不乏其人，鉛山周氏是個典型。周氏不受環境影響，堅定地
過同財聚居生活，先是遵守遺囑訓誡，繼則請求官府頒發公文憑
據，再又自動要求相鄰監督，做得認真而正規，超出了民間私約
範圍。

周氏在五代時避亂從金陵遷來，落籍安家鉛山縣永平鎮鵝峰
之下，到南宋已經生息三百餘年。其家累祖業儒，紹興年間的周
欽若雖未宦遊外地，卻也「有聲三舍間」。他羨慕舅祖家鄉陳坊

---

26　《宋史》卷四二二，《陳仲微傳》。傳文中仲微舉進士時間作「嘉泰二
　　年（1202）」，與厓山海戰後四年卒，終年七十二的結論顯然不合，
　　故改作嘉熙。

的狀元劉輝，「買田聚書，教養其族之貧者」。周欽若本想與其二兄聚居不分，但以自己名分居末，未能實行為憾。紹興二十二年（1156）六月，他於病危中寫遺囑告誡四子：

吾平生教汝讀書，固不專於利祿，欲汝等知義，以興澆薄俗爾。我病必不瘳，汝等盡孝以事母，當以義協居，勿有異志。居舍雖小不足恥，田園雖寡不足慮也，不能遵吾訓是謂不孝，他日或仕，不以廉自守是謂不忠。不孝、不忠非吾子孫也。

六天後周欽若病逝，其妻虞氏，珍藏此遺囑。淳熙四年（1177），四個兒子藻、芸、苾、茆，已漸長大，虞氏乃以遺囑上報官府，祈求發給憑證，未果。又過了七年，周藻四兄弟成年，可以當家了，他們再向官府請求：「母老矣，官未給憑，無以安母心，以明父訓」。戶部下文信州，信州行文鉛山縣，發公文給周家，昭示其子與孫永不分家。為什麼要官府的文書憑證？南宋民法規定：「願以財產不許子孫分割、典賣者，官為給據，子孫不得追改」。所以，周氏是要借政府法制威力，長期維持財產不分。虞氏又自請：「異時子孫或違父母命，各居異業，許外人告而聞於朝省，坐以不孝之罪。」她顯然考慮到天高皇帝遠，只有依靠鄉鄰監督才是最實際的保證。這時虞氏年已九十，滿頭銀髮，「尚唯保其夫之訓，以勵其子」，足見其賢而尚義，老而彌篤。

自周欽若立遺囑算起，其兒子周藻等已經三十年孝友相處，克成其父母之志，每年田租收入不超過二千斛，全家老幼約六十

人，日常衣食，時節祭祀，男女婚嫁，皆有定式，每年「又以十萬錢招延儒士，俾其幼稚學禮無缺」。

鉛山民眾讚揚周氏家族，上饒韓元吉淳熙十三年（1186）寫《鉛山周氏義居記》，敘述完其事蹟之後，評議說：「為士者徒能誦六藝之文，以幹取祿位，而務殖其家，不知有以啟導其子孫之善意，則亦宜乎風俗浸壞，而未之或革也」[27]。

南宋士大夫理論上不提倡，實踐上不仿效聚居共財。風俗的良窳，不表現在分戶析產方面。小家庭不等於只是「誦六藝之文，以幹取祿位」，只求學問而不要仁義道德。子孫繼承祖業，後代光大傳統，永遠離不開做人的品德修養。

弋陽周氏家族，從北宋周文坦（994-1068）發家，到南宋孝宗時期的禮部尚書、寶文閣學士周執羔（1094-1170），已經「聚族數千指」，其家雖然沒有「義門」之名，卻有義居之實。周文坦未仕，無爵位，「以孝事親，以恩睦族，以廉治財，以信待物，以儉持身，以仁恤下」[28]。又制定「家訓」，凡田園經營，子孫問學，賦稅之輸納，賓客迎送之具，吉凶慶弔之儀，都有規定，要求子孫遵守執行。百年之間，歷經五世，其家遵行不變，鄉鄰父老口耳相傳其事。他的兒子周汝諧，開始以儒學聞名，到

---

27 韓元吉：《南澗甲乙稿》，卷十六，《鉛山周氏義居記》。四庫本。關於不許分家的相關法律條文，在《慶元事類條法》卷四戶婚律中有：「諸祖父母、父母在，而子孫別籍異財者，徒三年；若祖父母、父母令別籍，及以子孫妄繼人後者，徒二年，子孫不坐。」見《續修四庫全書‧史部‧政書類》。

28 孫覿：《鴻慶居士集》，卷二三，《周氏十公記》。

第四代孫周執羔已經大顯。紹興間執羔任吏部侍郎，因忤逆秦檜，被劾罷。秦檜死後，起為地方官，紹興三十年（1160），知饒州。孝宗乾道二年（1166），為禮部尚書。周氏至此已是顯赫的官僚大家族，然其居鄉閭，依舊保持著仁義家族形象。

樂平王剛中看重家族建設，認為世間事唯有「教子起家，可以大其門」，在樂平買田千畝為義莊，贍給「三族之無歸者」，效法范仲淹《范氏義莊》制度，約束子孫世代遵守，不得分析變賣義莊之田。又「築室為家塾，延賓師，具糧糗，凡族子之勝衣者，皆進於學」。王剛中在孝宗時官至同知樞密院事，有權威，有財力，樂於推行義莊制度，應予肯定。然其身後，子孫的德行如何，義莊維持到何等程度，不知。

武寧縣進士周某家族，以「孝弟之至」，兄弟和樂而著稱，在嘉定年間獲朝廷旌表門閭，寧宗書「棣華堂」三大字賜其家。

## 三　大家族的鄉民武裝

南宋是在嚴重戰亂中建立起來的，外有金兵侵略，內有潰兵、流寇劫掠，朝廷應付金兵已經困難，根本無力從事治安。陸九淵說：「建炎間，盜賊蜂起，所在為保伍以自衛。郡每被寇，必檄以捍禦。」江西地區正是如此，民眾飽受兵災之苦，州縣衙門在地方治安中形同虛設，其統治效能一般只體現在勒索錢糧上面，形勢迫使民眾起來自衛，鄉鄰之間相互支持，儘可能保護身家性命。治安的客觀需求，使大家族和眾多的小戶人家團聚起來，以大家族為核心，以鄉紳豪右為頭領，建立鄉民武裝，在保守地方安全中發揮出有效的作用。鄉民武裝有保衛鄉土的明確宗

旨，人人有身家性命的利害關係，而且戰鬥活動不離家鄉，故而表現出非常明顯的軍事效能。

另一方面，社會大勢比較平靜時期，保甲組織制度的推行，也在客觀上促使地方豪霸建立私人武裝。北宋推行保甲法的用意，就是「什伍其民，使之守護裡閭，覺察姦盜」。允許保甲之內「蓄藏兵仗，備置金鼓」。在使用大刀、長矛的時代，配置兵仗武器並非難事，所謂鋤頭、鐵鑱，皆是利兵。問題是組織民眾的權力，究竟由誰掌握。朱熹指出：「竊見目今見行條法，累降指揮，但有團結教習之文，初無戒令糾禁之法。」鄉里豪右平時挾財恃力，已難轄制，一旦憑藉保甲編制，有了「團結教習」之權，就可能以「闗集教閱」的名義，聚眾弄兵，凌弱暴寡，稱霸地方。南康軍都昌縣，在淳熙六年（1179）前後，劉邦達等人和劉彥才爭鬥，聽說官府傾向劉彥才，要來追捕，遂藉保甲之名，公然召集鄉民，結成武裝，鳴鑼持杖，過都越保，必欲報復劉彥才，並抗禦前來捕捉的官吏。時任南康知軍的朱熹認為，劉邦達等已經犯罪，依據「相毆報冤為名，結集徒黨立社法」，將劉邦達等決配編管遠惡州軍，並以此事為例，請轉運使司上奏，建議朝廷下令：「今後應保甲首領等人，輒以闗集教習為名，聚眾弄兵，欲以恐脅官私，報怨拒捕者，比凡人之法特加一等收罪」。[29]朱熹的意思，是怕豪右借保甲組織鄉兵，對抗官府，危害統治，並非反對一切鄉兵。

---

29 朱熹：《晦庵集》，卷二十，《乞禁保甲擅闗集札子》。

撫州、建昌軍一帶，素稱民間殷富，人文鼎盛，大姓望族比鄰而居，眾多鄉民團聚在鄉紳周圍，成為地方政權的統治基礎，在時局處於戰亂之中，團聚的鄉民很容易轉化成武裝隊伍。金溪縣陸氏、鄧氏、傅氏等家族各有數以千計的武裝丁壯，其中尤以青田陸氏的武裝著名，有很強的戰鬥力，在孝宗淳熙年間成了朝野議論的重點地方武裝。

臨川是交通要沖，盜寇時至，金兵也曾經殺掠到城下，皆賴鄉社武裝防禦，才倖免大難。金溪人葛賡，字德載，其先在五代時期自鄱陽遷來金溪，曾祖以下皆不仕，世代「以力田殖其家」，是鄉里富豪，與陸氏家族過從甚密。葛賡勇力尚武，善用長戈，為人慷慨徇義，故而受到擁戴，建炎間組織鄉社武裝，部下「皆勇敢，以是見推為前鋒，摧堅陷陣，未嘗有所避」。一次，金兵被打退，而官軍王燮後軍的叛卒數千人，來到撫州城下，城中恟懼。葛賡趕來援救，城上人大呼曰：「賊中有髯而騎者善戰，宜謹備之」。葛賡奮勇直前，以長戈搨有髯者，賊應手墜馬，叛卒驚潰，撫州逃過一劫。[30]

陸氏「義門」因其家族聚居久盛，他們的鄉民武裝也長期維持了下來。淳熙二年（1175），太學上捨生金溪劉堯夫上書兵部侍郎周必大，說金溪鄧氏、傅氏「各有鄉丁數千」，頭戴朱漆皮笠，號稱「紅頭子」。紹興元年（1131），兵寇滿地，無處不亂，鄧、傅二社即已組織丁壯

自衛，當時有寇賊潘奎等入寇金溪，「鄧、傅二社兵追殺之於上幕鎮」[31]。現在，傅社已經離析，力量衰退，唯有鄧社依然強盛。鄧社首領鄧雯，有二子，皆武勇絕人，聽說有茶寇，隨即訓練丁壯「自薦於州」，要求參加攻打茶寇。陸坊的陸氏家族，「尤豪於一鄉」。陸九齡不僅博覽經史，而且率領子弟習射，認為練武「固男子之事」，改變了里中人士鄙弓矢為武夫末藝的觀念。由於陸家人的箭射得很準，盜賊都不敢前去為害。陸九齡採取的屯駐備御措施，皆可為後來之法。以前江西轉運司命陸氏充任「都社」，鄧、傅二社皆其隸屬，然而陸氏近來也逐漸零落。獨有「族人某者，行義頗著」，鄉人都建議讓陸某繼續充任「都社」職務，金溪縣、撫州官府俱「以為當然」。因此鄧氏子弟意氣稍怠，「蓋懼受制於陸，則功不在己也。然其家僮素輕捷，衷紙甲，機毒矢，善騰趠山谷間。尚技癢，思與賊角，亦其風聲氣俗然也」。劉堯夫建議，官軍多次被茶商軍打敗，正宜命撫州知州趙燁，禮請鄧社人出來，講明委用之意，給借補副校尉的官職，讓他們自為一社，不要隸屬於陸氏，命其直接奔赴贛、吉間參戰。

周必大得到劉堯夫這封書信建議的時候，辛棄疾已誘殺了賴文政，遂不復問。[32]

劉堯夫反映的陸氏事蹟，在《宋史‧陸九齡傳》有呼應，而

---

31　雍正《江西通志》，卷三十武事二，轉引《金溪兵氛志》。
32　周必大：《文忠集》，卷二十，《金溪鄉丁說》。

且有些情節說得更具體。傳文說：九齡中進士之後，調桂陽軍教授，未上，「會茶寇剽掠廬陵，聲搖旁郡，人心震懾。（金溪）舊有義社以備寇，郡從眾請，以九齡主之，門人多不悅。九齡曰：『文事武備，一也。古者有征討，公卿即為將帥，比閭之長，則五兩之率也。士而恥此，則豪俠武斷者專之矣。』遂領其事，調度屯禦皆有法。寇雖不至，而郡縣倚以為重。暇則與鄉之子弟習射，曰：『是固男子之事也。』歲惡，有剽劫者過其門，必相戒曰：『是家射多命中，無自取死』」。[33]

紹興和議之後，社會趨於安定，鄉社英雄無用武之地，自然就會衰弱下來。金溪鄧社的人以善於山地作戰而著稱，陸社以首領「行義頗著」獲得民眾擁護。故此鄉紳推薦他們，協助官軍去平定茶寇。由此可見，這些家族在地方上具有強盛的控制力量，起到了地方官府難於做到的管理社會的作用。

撫州宜黃縣的鄉民武裝注意築寨自保。豪紳胥澤民，在太學讀書十年，沒有獲得進士出身，退居宜黃家鄉。憑藉其儒學知識和財富實力，胥澤民多與士大夫交遊，在鄉里有較大的號召力。曾以其膽量和見識，制服群偷。紹興初年，撫州發生楊世雄為首的寇盜，擁眾數萬，焚崇仁，掠宜黃，一方騷然。胥澤民當即選可用者十餘人，構築村寨，伐木柵隘口，嚴加防守。他偵察到寇盜將至，毫不猶豫地率眾抵抗，「被髮持挺，鼓噪而出」，楊世雄大為驚駭。稍後，楊世雄驅使大批寇兵逼近胥家村寨，胥澤民

率百餘武裝先期出寨，植立不動，毫無懼色。「世雄叵測，為退舍三十里，一夕引去」<sup>34</sup>。

宜黃縣另一支土豪武裝，是侯錠之所統領，他建築了龍磜寨。龍磜寨位於宜黃縣崇賢鄉，引發侯錠之建寨的外因是汀寇的騷擾。紹定二年（1229）開始，福建汀州等地賊寇四起，「所至火民廬，空民財，戕其性命，擄其妻孥，莫有能御之者」，很快禍及江西建昌、撫州諸縣，「而宜黃諸鄉被毒尤慘」。當時居住崇賢鄉鵬峰的侯錠之，隨即「糾鄉民為義丁，率眾戮力與之抗，而鄉井為所蹂踐者已多矣」。事後，侯錠之非常感嘆說：這次的寇患已經過去，既往不咎，以後的禍亂堪憂，不可不深慮呀！於是，決定馬上尋找合適之處建山寨，以為長久保安之計。他們選定的這個龍磜地方，「兩峰對峙，高險可恃。泉瀑旁流，幽深叵測。山岩峻拔，上實平夷。可居千戶，而容萬人。」好似天造地設的險要地形，正是避亂拒寇的理想所在。鄉民築寨龍磜之上，「至則登寨，出其強者與之戰，而期於必克；寇退，則返故居，各理生業，人人可以自固」。山寨建成之後，侯錠之進一步儲糧其上。他想到：依寨出戰，因寨為守，均需有充足米糧，「乃自出米三千石零，又率族之有力者助之，倉於寨中，專以給義丁，而名曰義倉」。

龍磜寨義倉幾千石存糧，採取社倉的經營辦法：春夏放散出去，接濟中下農戶備荒，秋熟以後收回，參照淳熙年間頒行的社

---

34　孫覿：《鴻慶居士集》，卷三十，《竹亭詩序》。

倉法規定，「量收息二分，期以增其數，可以遠及而持久」。全部米糧出納，均尤其子弟主持，防止其他干擾。[35]約二十年後，南城包恢知道了這些事實，特為記錄成文。鄉民武裝，本為備寇，耕戰結合。建寨而守，不離鄉土，期於保安。儲糧而行社倉法，平日與戰時結合，一物而二用，不失為良善之策。

以大族為核心的鄉社武裝，在吉州、信州、贛州等地都有。淳熙年間，受命協助官軍搜捕茶商軍的安福、永新土豪彭道、張忠，都有自家的親兵，張忠態度積極，「舉親兵千人之眾」[36]配合官軍行動。吉水縣的鄉民武裝稱為「義丁」，在南宋中後期，「縣有五都，各結義丁自衛」。寧宗嘉定二年（1209）冬，湖南郴州黑風峒李元礪聚眾反抗，進入江西境內，吉州將提兵致討，命吉水縣調發義丁參戰，為犄角相呼應，知縣包履常不贊成，認為「義丁為鄉井設耳，驅之以嬰劇盜，猶羊御狼也」[37]。包履常所言，是官方對「義丁」性質的認定，雖然不知道他們來自哪些家族，但其鄉民武裝的身分已經明確。

信州，北宋末年時期，貴溪縣發生寇盜，將進入鄰縣弋陽，正在家守孝的陳康伯，立即組織鄉民武裝，將來犯的寇盜殺敗，史稱「康伯起義丁逆擊，俘其渠魁，邑得全」[38]。

贛州，石城縣陳敏，「有家丁數百人，皆驍捷善戰」，紹興

35　包恢：《敝帚稿略》，卷四，《宜黃龍寨記》。四庫本。
36　曹彥約：《昌谷集》，卷十三，《上荊湖宣諭薛侍郎札子》。
37　真德秀：《西山文集》，卷四五，《朝請郎通判平江府事包君墓誌銘》。
38　《宋史》，卷三八四，《陳康伯傳》。

十五年（1145）之前，虔州知州薛弼曾經推薦陳敏為汀、漳巡檢，他以家丁為主體，組建「奇兵」，專責捕盜，獲到虔、梅、汀、漳一帶「諸盜悉平」的效果。[39]

上述彭道、張忠、陳康伯所組織的親兵、義丁，顯然都不是毫無組織基礎、從未學習武術、沒有參加過訓練的農夫，而是和陳敏的家丁相似，「皆驍捷善戰」，否則不可能有較強的戰鬥力。後來，文天祥在贛州、吉州發動起來的抗元義兵，應該是和各地多鄉兵有關係。

## 第三節 ▶ 豪強殘害鄉民與維護統治

洪、饒、虔、吉各州軍都有大批鄉紳富室，他們在地方名聲大，影響廣。有的興辦書院，設立社倉，種德行善，受人尊敬。有的為富不仁，欺壓鄉民，橫行不法，稱霸一方。

宋代法定的戶名中有官戶、形勢戶，形勢戶的範圍比官戶更大，包含充當州縣衙門的公吏、鄉里基層政權頭目的上戶。在法律上官戶享有特權，吏戶則沒有，但是他們依仗在衙門當差作吏的權勢，仍然可以得到不少特權，有比民戶更高的社會地位。在制度層面看，宋朝對形勢戶有所約束，在交納田賦，租佃官田等方面定有規約，在州縣專設「形勢版簿」，南宋時在稅租簿上用硃筆標明「形勢」兩字。形勢戶田產多，稅糧也多，故而規定納

---

39 李心傳：《建炎以來朝野雜記》，甲集卷十八，《殿前司左翼軍》。

糧需比小戶早半月；如拒不納稅，要加重處罰。

　　隨著情況的變化，形勢戶這個名稱的涵蓋面不時出現變化，有「形勢有力之家」、「形勢豪富人戶」、「大姓形勢之家」、「形勢豪右之家」、「形勢權要之家」等稱呼，它們所指，就是在鄉里橫行霸道的官吏富裕之家，在刑獄案例中又可見「豪橫」、「豪強」、「豪右」之類泛稱。[40]這些形勢權豪之家，是南宋朝廷在地方實施統治的基礎。從普通平民階層來看，這些豪強憑藉雄厚的經濟實力，糾結貪官污吏，把持刑獄，斂財害民，是最凶惡的剝削者。其中有的人甚至藐視州縣官府，無惡不作，不僅直接危害民眾的利益，而且破壞朝廷統治秩序。在特定情況下，有些豪強也會充當首領，帶動民眾反抗衙門對百姓的敲詐勒索。因此，豪強與民眾、豪強與官府之間的關係比較複雜。南宋朝廷為維護其統治，對豪強採取摧抑和利用相結合的政策，力求把豪強納入王朝的統治軌道，但實際效果並不理想，終南宋一代，江西豪強引發的社會問題一直沒有得到妥善解決。

## 一　稱霸地方的大家族

　　普通官紳地主興旺起來之後，出現在各地的豪強都具有相當的號召力，在官府統治力度相對薄弱的時候，他們控制著基層社會，與地方官府處於相互支持或彼此爭鬥之中。朝野對江西地方豪強的重視，至晚開始於魏晉六朝時期，那時的「南川酋豪」已

---

40　參見王曾瑜《宋朝階級結構》，河北教育出版社，一九九六年八月出版。

經成為社會輿論的一個中心，在梁陳之際激烈搏鬥的舞台上，「南川酋豪」的向背，對政治局勢的轉移有著舉足輕重的作用。從那時的「南川酋豪」，演變到南宋時期的土豪，依舊是一股不可忽視的政治力量。以下依據已知的資料，展示富豪們為非作歹、魚肉鄉民一面，揭示南宋江西的社會矛盾。

### 1. 饒州、信州的豪橫

饒州、信州一帶的「豪橫」，是一批為害最烈的豪強地主，他們魚肉鄉民，無惡不作，觸犯國家刑律，因此受到官府的懲處。在江西各地，「饒、信兩州，頑訟最繁，奸豪最甚」，「饒州等州，官弱民強。所謂強者，非謂一切齊民，蓋謂一等豪民也。凡是豪民，作姦犯科，州縣不敢誰何者」。例如：

潛彞父子，信州貴溪人，「恃其銅臭，假儒衣冠，平時宛轉求乞賢士大夫詩文，以文其武斷豪霸之跡。前後騙人田產，巧取豪奪，不可勝計」，如挾取周氏、阿劉孤兒寡婦之業，已經官司定奪「尚執契書不肯還人」。他「已納粟為小使臣，輒作潛監酒戶，輒用幹人越經內台，可謂小人之無忌憚者矣」[41]。

方震霆，信州弋陽人，外號方閻羅，「承幹酒坊，儼如官司，接受白狀，私置牢房，杖直枷鎖，色色而有；坐廳書判，捉人吊打，收受罷吏，以充廳幹；嘯聚凶惡，以為僕廝，出騎從徒，便是時官；以私酤為脅取之地，以騙脅為致富之原，吞併卑幼產業，斫伐平民墳林，兜攬刑死公事」。如強騙財物，官府列

---

41　《名公書判清明集》，卷四，《干照不明，合行拘毀》。

舉了九宗，只是他供認之一二。如欺詐田業，列舉了十六宗，也只是他供認之一二。還有命案，如逼死程在七、吳十四，打死馬元一、羅辛一、宋千二，去年又同爪牙楊千九、齊興等打死方姓人。總之，方霆震罪行纍纍，「弋陽之民，怨入骨髓，訟之者茫茫道路」[42]。

駱省乙，饒州鄱陽人，以漁獵善良致富，武斷行於一方。「脅人財，騙人田，欺人孤，凌人寡，而又健於公訟，巧於鬻獄。小民思其羅織，吞氣飲恨，敢怒而不敢言」。他以官司名號，「標揭通衢，勒令民戶出錢。甚至聚集兇徒，旗鑼梆鼓，吹風哨齒，輪門叱喝，索錢索酒，所至雞犬一空，無異強劫。」[43]駱省乙是個黑勢力頭子，有能力「聚集兇徒」、「分遣爪牙」，乃至張貼公文，勒令民戶出錢。

留又一，饒州人，是一個作姦犯科，州縣不敢問的豪霸，「其為偽契，其為主使，一一分明，杖罪編管，實當其罪」。但他能操縱官吏，繞過監司，「乃脫送倉司。今倉司移牒，尤見留又一財力足以役使吏人」[44]。

趙若陋，饒州人，是宗室成員，而罪大惡極。他「把持饒州一州公事，與胥吏為黨伍，以惡少為爪牙，以至開櫃房，霸娼

42　《名公書判清明集》，卷十二，《豪橫》。

43　《名公書判清明集》，卷十二，《為惡貫盈》。第 456 頁。

44　《名公書判清明集》，卷十二，《豪民越經台部，控扼監司》。第 459頁。

妓，騙脅欺詐，無所不有」[45]。例如，魯海，被他栽贓脅詐，死於非命；科考之年，他將士子夏斗南凶打；除夕之夜，他設賭局打人，肆無忌憚。

綜合看來，這五戶豪霸的惡劣行跡主要是：在正常的經濟剝削手段之外，無視國家法令，不擇手段攫取社會財富。他們非法斂財的手段主要有：騙奪錢物，吞併田產，充當中介人詐賴錢財。欺壓良善，甚至於殺傷人命。詐稱官府，私設牢獄。結交地痞，形成團夥。

令人驚異的是，面對受害者「遮道群泣」的指控，這些「豪斷取財，不義致富」者，不但長期逍遙法外，而且表現得非常猖狂，或「安坐堂奧，視台府之追逮如無有也」，或「豪橫自若，拒追不顧」。方震霆在監獄中還能「供帳坐獄，宴飲自如」；留又一在提刑司已判之後，居然越經台部，將案件從監司轉至「倉司」（提舉常平司）處理，企圖減輕或逃脫處罰。主要原因在於他們用金錢結交貪官、收買猾吏，「財力足以役使吏人」，從而獲得了官吏庇護，致使像方震霆那樣的閻羅，仍能逍遙法外。

方震霆是個典型，他「不吝錢、會，以結有求之吏，不憚殷勤，以結無識之士，不惜寶貨，以結無恥之官。唯其積惡，勢焰熏灼，是以州縣猾吏，匍匐歸之。唯其財力足以搬使鬼神，誹謗足以欺惑王公，是以世之賢士大夫，亦有畏之者」。信州玉山縣

---

45　《名公書判清明集》，卷十一，《宗室作過押送外司拘管爪牙並從編配》。第398頁。

也很糟糕，鄉寨、縣衙都為豪霸鎮壓小民而當差：「柳都寨非公家之寨，乃豪家之土牢；玉山縣非公家之縣，乃豪家之杖直」**46**。

豪霸之所以能橫行鄉里，根本上是法律的不公正，官府對豪強打擊不力，客觀上縱容了惡霸。方震霆有那樣多「殺人害人之事」，本應判處死刑。但他實際受到的懲罰是「從輕勘杖一百，編管南康軍」，理由是他的「遠祖」、「預名賢之數」，他作為「前賢之後，合從三宥，兼所招亦有系赦前者」。駱省乙按律「當徒斷黥配」，但他是「修武郎之孫」，「姑從末減」，只「勘杖一百，編管南康軍」。宣教郎、修武郎這類七八品階官的後代即可因之減刑，那些高階大官僚的子弟們，作姦犯科就更可受到輕判優待。趙若陋那樣「罪如山積」的惡霸，因是宗室，享有特權，平時官司縱容，即便碰上要嚴懲之的江東提刑，也不過報告上司，「將若陋押送外宗拘管，並移其家」，離開鄱陽，換個地方依舊可以為所欲為。

饒州、信州豪霸殘害地方的劣跡，以及官府對他們的優減處置，不是特有的地方情狀，而是南宋社會普遍存在的縮影。

### 2. 撫州、臨江軍的豪霸

撫州、臨江軍一帶的鄉俗，凡居住鄉間者必須雜用霸道，以凌駕鄉閭，樹立自己的威勢，然後才有發展餘地，那些有儒學教

---

46　《名公書判清明集》，卷一，《不許縣官寨官擅自押人下寨》。第33頁。

養的士大夫也不例外，說是未免「為習俗所移」，其實他們的表象更惡劣。嘉定年間，先後在臨川、新淦任知縣的黃幹說，這裡「寓公之家，無不見怨者，蓋平日豪橫成風」，既兼併小民，也相互爭鬥，日夜蓄憾，謀劃攻訐之計，毫無廉恥之節，亦無惻隱之心。

　　社會影響好些的土豪，受到人們的敬畏。撫州宜黃待賢鄉涂大向，字子野，自曾祖以來就是宜黃的富姓，其家屋宇廣大，占有林壑之勝，「聚書千餘卷，迎師教其子」，至涂大向開始出而求仕，以政治權勢保其家財，提高其社會地位。紹興五年（1135），淮西宣撫使司奏闢為幕僚，他辭謝不赴。涂大向平日好交友，家中寓公滿坐，過往官紳不斷，均盛情款待，無厭怠之色。故而他有事囑託縣吏辦理，他們會「具衣冠抱牘趨而至，唯恐後」。涂家所居是一處大聚落，市面上有商賈百餘家，生意繁盛，然而各色人等都畏服於涂大向，「凡市井無賴，屠沽馭儈，兼併之豪，唯唯聽命，不敢輒忤。（他）目指氣使，然響應[47]。這位涂大向，在當地人眼中是土豪中的土豪，儼然成了宜黃知縣之外的知縣。

　　臨川縣東鄉的危教授，是侵漁鄉民的儒霸。他「以高科自負，以高材自居，居於村落，人畏如虎」。他擅長「為健訟珥筆之事」，慣於惡人先告狀，誣陷善良。附近居民都怕他，被奪田占屋，不敢申冤告狀。他所居之旁的山林陂塘，本是鄉民熊祥的

---

47　孫覿：《鴻慶居士集》，卷三五，《宋故從事郎涂府君墓誌銘》。

家產，危教授多方迫脅，必欲得之，熊祥不得已「少從其欲」，而他蠶食不已。稍後，危家被盜，丟了一些米鹽瑣屑之物，遂誣告熊祥窩藏竊盜，又以錢買通兩人，毒打一人出庭作偽證（被打者因年老傷重而死）。州郡官吏畏懼危教授的淫威，派巡尉帶人「圍熊氏之屋，如捕大盜。一族數家盡室逃竄，室廬、器用、雞羊狗彘，百十年家業掃蕩無餘。遂執其異居之弟侄，係累棰撻，不勝其毒」[48]。

　　臨川土豪曾千齡，天姿狡險，善於勾結官吏，殃害鄉民，豪橫之極。他納粟得官，充當贛縣的東縣尉。開禧年間（1205-1207）臨川知縣韓元卿黷貨無厭，曾千齡貪其勢焰可炙，遂送厚禮與韓結交，把孤遺侄女與元卿子為妻。本就武斷鄉曲的曾千齡，成了知縣的親家，誰敢正視。於是，臨川縣揚名、斷金兩鄉之內，「凡有膏腴之田地，富厚之財貨」，都先後被曾吞占。他誣陷鄉民的陰毒手段，「或因致死公事，或因盜賊行劫，必多牽引，使陷其中，然後控取財物，為之救解，或出牓貼占，或假立契書」。他追捕鄉民的文書，和官府的一樣；他對人拘囚禁閉，無異監獄。像曾千齡這種殘害貧民的豪霸，未被懲治，影響極壞，「官府不問，法令不加，擁高貲，據大第，歌童舞女，美衣鮮食，以匹夫而享公侯之奉，則豪橫之徒又何苦而不為惡耶」！[49]豪橫敢於作惡，是政治腐敗造成的。

48　《勉齋集》，卷二七，《申安撫司辨危教授訴熊祥事》。
49　《勉齋集》，卷二七，《申轉運司為曾縣尉不法豪橫事》。

　　臨川大富豪饒立，是「威制一州」的大惡霸。他曾當過縣尉，家中積米累巨萬，是縣內第一出等戶，而性吝嗇，要借災荒發橫財。他在大饑荒之年獨不糶糧，而且把持了社倉，豐年民不願貸反抑貸以取其息，荒年民正仰貸，反而緊鎖倉門，以待客販，一粒不貸，忍視飢民餓死。因此民怨入骨，哀訴滿庭，知州黃震勸賑，他不以理睬。黃震將他「軟禁」在官衙，然後差官四出監督社倉放貸，這些州官、縣吏竟然不敢去，「乃蹙額相弔，謂饒宅威制一州，今若行此，禍且立至，或叩頭乞免，至於垂泣」。黃震只有請求上司關照，說是「將來饒縣尉果有詞訴，及或買人遊說中傷，某願身坐其罪，無以（累）及同官」[50]。

　　樂安縣寓公曾知府，凌駕鄉里，劣跡多端。鄉鄰黃國材是曾知府親戚，但因黃國材是平民，又有他作惡的把柄，以致積怨，蓄意陷害。嘉定年間，曾知府誣罔黃國材「停盜」，甚至「以無為有」，稱他們見郴州黑風峒頭領李元勵未敗，「趁勢作亂謀反」[51]。因是誣罔羅致成案，疑點叢生，未能立即滿足曾知府的慾望，他便由樂安縣告到撫州，由撫州告到江南西路。江南西路轉運司命臨川知縣黃幹監勘，查明了曾知府「蔑視上司，肆行誣罔」，陷害親戚鄉民的實情，才遏制了他的氣焰。

　　金溪劣紳曾適，是個動輒以權勢挾持上下，刻剝平民，而又

50　黃震：《黃氏日抄》，卷七五，《乞照應本州島已監勒饒縣尉貸社倉申省狀》。

51　《勉齋集》，卷三二，《曾知府論黃國材停盜》。

健訟之人。其家兄曾儒林[52]，因押解綱運，侵盜官物被抄家。當時湊錢賠償，急如星火，「傾其家資以輸之」。在變賣產業中，於開禧三年（1207）三月將一塊園地賣給了張潛。那時張潛以錢買地，任何事沒有。抄家過後，曾適卻控告張潛在園地上掘了曾家祖墳。經審理發現，曾適的起訴有十條虛妄，他重新製作已經出賣的廢契，偽印關書，欺罔縣衙，妄訴不已，出入州縣，洋洋自得，「委是曾適妄狀誣賴，意在擾害張潛等人」。硬是將張潛折騰破產，證人也被監禁，病患危重[53]。

散居州縣的這些官僚士紳，以其既有的社會政治優勢，欺壓民眾，放肆謀財，乃至害人性命。在官官相護的腐敗環境中，這批劣紳豪霸得到保護，逍遙法外。曾知府、曾儒林之類的名字沒有點出，其他的罪狀更沒有提及。辦案者直言：不能容忍曾知府「專以誣告把持為事」，卻「以其系是寄居之家，不欲痛言其無狀」，只是建議申奏朝廷，「重加懲戒，以為士大夫敢於凌駕鄉里者之戒」。那個誣賴訴訟的曾適，雖沒有能使張潛承受掘墓之罪，卻「坐得舊業」無償要回了園地。

臨江軍新淦縣，號稱江西最為難治之縣，為知縣者十有九敗，原因是縣衙財賦窘乏，財權控制在豪強之手。嘉定年間，每年縣政支出常欠二萬餘緡，只有懇求上戶，向他們預借錢物，

---

52　此「儒林」不是名字，是官階名，即儒林郎，正九品上。文中在曾適名字中所加的「承務」二字，也是官階名，即承務郎，從八品。樂安的「曾知府」，又稱之為「曾將仕」，則是其官階為將仕郎，從九品。

53　黃榦：《勉齋集》，卷三二，《曾適張潛爭地》。

「縣道之柄從此倒持，豪強之家得以控扼，請求關節，殘害細民，苟有不從，便生論訴」[54]。謝知府，是寄寓新淦縣的一霸，劣跡斑斑。如：他強買窯戶磚瓦，大磚、大瓦要當小磚、小瓦計價，一三〇〇〇磚瓦，價值十七貫，只給八貫，剋扣一半以上。他兒子謝九官人主僕通同強姦阿張，「案吏怕懼謝知府形勢」，不敢制止處置，使貧弱之家受此屈辱。他侵占宋朝英園地、墳地，把宋朝英「關鎖抑逼，一家恐懼」，不得不簽字畫押。還有「絕人之嗣，而奪其產，挾其妻以害其侄婿」等[55]。一個謝知府，使新淦全縣受其害，身為知縣的黃幹感嘆說：與南安軍的寇盜比較，「平南安賊易，去此老難」，「民畏之如虎，同心拱手聽命，是何世界」！[56]

上述事例足以說明，奸豪得志，細民被害，是社會的大弊，是南宋統治制度滋生出來的毒瘤，根本上不可能剗除。身在其中又必須處理這些社會爭鬥的州縣長官，對豪強惡霸與貧弱群體之間的評議是：「形勢之家專以貪圖人戶田業致富，所以敢於違法者，恃其富強，可以欺凌。小民敢經官論訴，便使經官得理，亦必健訟飾詞，以其多資，買誘官吏，曲行改斷。小民貧困，多被屈抑，便使偶得理直，而追逮費用，已不勝其困矣。此富家所以

---

54　《勉齋集》，卷二九，《新淦申臨江軍及諸司乞申朝廷給下賣過職田錢就人戶取回》。

55　《勉齋集》，卷三三，《窯戶楊三十四等論謝知府宅強買磚瓦》、《徐少十論訴謝知府宅九官人及人力胡先強姦》、《宋有論謝知府宅侵占墳地》、《張凱夫訴謝知府宅貪並田產》。

56　《勉齋集》，卷五，《與李敬子司直書》。

愈富，而貧民所以愈貧也」。此論撇開了地主官僚制度的政治土壤，僅就豪富兼併產業而言，缺乏經濟實力的小民，難於據理抗爭。民諺曰：「衙門八字開，有理無錢莫進來」，是南宋社會一個側面的真實寫照。

## 二　贛南社會中的土豪

### 1. 土豪對地方鄉民的殘害

　　贛南地方廣闊而多山，北與洪州距離很遠，而南邊緊鄰閩廣山區，交通比較困難，統治力量相對薄弱，素有「多盜」的地方特殊性。紹興年間，朝中官員論及虔州之盜說：「虔民之性，例皆凶悍。而聽命於豪強之家，為之服役。平居則恃以衣食，為寇則假其資裝」。[57] 孝宗淳熙年間，樞密院編修王質認為：江西贛州和浙江嚴州「二郡者蓋今日盜賊之淵藪也」，居民「不畏天子之官吏，而畏鄉里之豪強，是以不服官吏之約束，而服豪強之號令」[58]。官僚士大夫對贛南社會的見解，透露出一個重要的事實，即在贛州、南安軍十三縣城鄉山村，富有的土豪有很大的政治經濟實力，左右著社區局勢，與普通民眾結成利益相關的共同體，二者經常處於相互依存狀態，土豪對普通民眾的控制力度超過了官府。

　　贛州、南安軍的土豪憑藉什麼稱雄地方，乃至控制基層社

---

57　《系年要錄》，卷九十一。
58　王質：《雪山集》，卷三，《論鎮盜疏》。四庫全書本。

會？王質的看法是：「蓋豪強之所以為重者三：智過人，勇過人，穀粟之蓄過人」。他們除了擁有豐厚的經濟資源外，個人素質也是優秀的，有智勇雙全的特點。智與勇，是文化知識和政治經驗的運用。土豪掌握著財富與文化優勢，是主導贛南地方社會的首要人物。與其他州縣相同，豪富者的人品不一，處世之方有差異，並存著善良與惡劣兩類。

有的土豪肆虐地方，殘害鄉民，其手段十分惡劣。紹興十四年（1144）三月，「贛州寧都縣吏李某，督租近村，以一僕自隨。僕乞錢於逋戶，不滿志。縛諸桑上，灌以糞，得千錢」。一僕人就如此猖狂，其主人就可想而知了。這些欠租的貧窮農民——「逋戶」，對殘酷掠奪毫無反抗之力，忍受非人虐待，只有寄希望於上天懲罰那些惡人：「即日雲雷四起，斃僕於村中普安寺前。錢正在腰間，打四百文入肉中，皮蒙其上」[59]。

在惡勢力強加於全社會之時，土豪的切身利益也受到損害，這時他們奮而抗爭，和民眾站在一起，乃至公開對抗朝廷。建炎年間，虔州百姓圍攻太后扈從衛兵的在城中燒殺掠奪，先有虔化縣（今寧都縣）民沈立率鄉兵三百人，來支援城中百姓，後有鄉兵首領陳新率眾數萬圍虔州，沒有屈服於禁衛軍的淫威。後來，江西安撫大使李綱指出：「建炎四年，宮省移在虔州，陳大五長嘯聚作過，當時官司措置無策，賞罰失當。土豪有物力之家，往往嘯聚結集，報復仇怨，頭項漸多，州縣不能制御，連結滋蔓，

---

59　洪邁：《夷堅志》，乙志卷七，《寧都吏僕》。

以致今日」。[60]土豪與朝廷對抗的源頭，在於官府措置失當，而他們之冒死爭鬥卻並非只為家族利益著想。

就宋代的歷史實際考察，贛南群體性的食鹽走私活動，持續時間長，參與人數多，活動規模大，手段配備了武器，地域牽連閩廣，特別受到朝野關注。長途販賣食鹽有複雜的社會背景和經濟原因，造成的利益在地方，而損害在官府。在眾多的走私者中，無疑是以土豪家族為核心。走私食鹽培植起這些土豪家族，正是這些家族使食鹽走私久旺不衰。

## 2. 土豪對地方統治的支撐

再換一個角度看，土豪與朝廷的統一性表現得更充分。紹興三年（1133），岳飛領兵在虔州征戰幾個月，將「寇亂」削平。當時虔州官府實力有限，「既無城池，又無兵食」[61]，難以維持經常性的社會治安，只有對「盜賊」實行以招安為主的政策，藉以彌補官府力量不足，「且招且捕，威令既行，則窮寇別無他策」，召降服者「到軍前效用」，「立功而後官之，乃佳」[62]。說白了，這是借盜攻盜，以臣順的土豪去消滅不聽話的土豪。土豪和朝廷在根本利益上原本就是一致的，完全可以把鎮壓和招安結合，將寇盜轉化為地方統治的支撐力量。

在州縣官的政績中，依靠利用土豪維護地方治安，占有很大

---

60　《系年要錄》，卷一〇一。

61　《系年要錄》，卷八十七。

62　李綱：《宋丞相李忠定公別集》，卷十五《申督府密院相度措置虔州盜賊狀》、《與呂安老提刑第四書》。

的比重。信豐知縣彭合，吉州廬陵縣人，紹興中期在信豐推行「保伍之法」，依賴官兵和土豪兩股力量，加強了統治，使「藏亡匿死者無所容」。發現鄰縣群盜二千餘人，將要經過信豐之時，彭合「率官兵、土豪逆之於境外，盡殲除之」[63]。

樞密院編修王質曾經分析土豪對朝廷強化統治的重要性，認為州縣官需敬重土豪，給予經濟照顧，調動他們為統治服務。他說：「為今之計者，莫若喻郡縣之官吏，重為之禮貌，以致其敬。輕為之科率，以結其愛。內有盜賊，則假之以權，以要其成。苟有功效，則糜之以爵，以收其桀驁之民。何者？郡縣之官吏不能制其命，而豪強能服其命，此其為畏侮固不同矣」[64]。王質所論是對統治經驗的總結，符合社會統治實情。充分利用土豪的政策，當然不限於贛南，而是普遍執行於各地。

在大規模的寇亂基本平定後，官府為穩定社會秩序，在州縣推行保伍法與鄉兵制度。地方稅賦的徵收，由土豪統攬，稱「攬戶」；民間爭鬥、竊盜的治理，由土豪承當，稱「隅總」。這樣，土豪被逐漸納入地方行政體系，成為官府控制基層社會的助手。嘉定五年（1212）九月一日，朝堂上有官員上奏：「往者江湖之寇，皆深據溪峒峻絕之地，緣崖觸石，人跡罕至，唯有比近土豪隅官之家所養義丁與之相習，故能上下山阪，闚窺巢穴。連年官

---

63 陳柏泉：《江西出土墓誌選編》第三編南宋墓誌，《戶部郎中彭合行狀》。江西教育出版社一九九一年版。彭合為信豐知縣以後，還有五任官職，而他卒於紹興三十一年，故推定他在信豐為紹興中後期。
64 王質：《雪山集》，卷三《論鎮盜疏》。

軍雖暴露於外，而每每假土人以為嚮導……今上自主帥，下至將校，皆次第蒙賞。而土豪隅官之徒，捐軀於兵間者，尚有所遺。乞下江西、湖南安撫司，廣加體訪，仍許各人自陳」[65]。這位官員的意見，顯然是針對剛被鎮壓的黑風峒寇說的，以李元礪為首的造反者，正是利用了郴州、吉州一帶的山區，攪得官軍難以應付。最後是憑藉當地土豪武裝，才把李元礪武裝鎮壓下去。論功行賞，怎能忘記他們？

　　從贛南的土豪活動事例看出，土豪家族勢力對地方社會的發展，尤其是秩序的維持、統治的穩定有十分緊要的作用，如何調試好政府、豪族、民眾三者之間的關係，始終是南宋朝廷和地方長官的難題。


# 第四節 ▶ 租佃關係下的富豪與農民

## 一　富豪別墅與農莊

　　官僚豪紳在鄉間的別墅、園囿，有一部分特別出眾，臨江向子諲的「薌林別墅」，鄱陽洪适的「盤洲別墅」，都昌曹彥約的「湖莊」，是聞名遐邇的代表者。這些建築所處的地段自然環境優美，內中文化氣息濃厚，是經濟和文化在生活中最完美的結合。這些園囿是民間建築的精品，代表了官紳階層豪侈而優雅的

生活狀況，集中體現了園林建築的技術成就。

蘿林別墅，在臨江軍清江縣（今樟樹市臨江鎮，江西省臨江榮復軍人療養院後院），位於袁水、贛江交匯之處。紹興年間，向子諲在舊有的園林基址上，進一步營建起來的居室園圃。「蘿林」，意為充滿香氣的園林。向子諲在建炎、紹興年間，「竭其忠力，幾至大用」，但遭人妒忌，便自請退休，於紹興九年（1139）三月復歸臨江，自是不出，閒居十五年，自號「蘿林居士」，紹興二十四年（1154）卒。蘿林別墅受到士大夫的欽羨，不僅是其主人向子諲的名望高，也因園圃本身雅緻，故而過往觀賞者多。范成大於乾道九年（1173）閏正月路過臨江軍，特意參觀蘿林別墅，見其中多古木修竹，蘿林堂為樾蔭所遮，森然有寒意，「宅傍入圃中，步步可觀。梅台最有思致，叢植大梅，中為小台，四面有澀道，梅皆交枝覆之，蓋自梅洞中躡級而登，則又下臨花頂，盡賞梅之致矣。企疏堂之側，海棠一逕列植，如槿籬，位置甚嘉」[66]。稍後，朱熹應向浯（向子諲次子）邀請，來臨江軍講學會友，遊觀蘿林別墅，滿足了夙願之後，賦詩抒懷。詩的前半段寫景，他說：

　　東皋瀁寒水，西崦饒清陰。南塗奎璧麗，北垞靜且深。入門流綠波，竹樹何簡槮。積石像雲壑，高堂杳沉沉。左通雲水區，

---

66　范成大：《驂鸞錄》。

右徑梅杏林。沼沚共回薄，觀台郁差參……[67]

　　東皋、南塍、西崦、北垞是薌林園中突出的景點。從范、朱二人詩文看出其間竹樹林木繁茂，品類很多，景點構思別緻。後來，向子諲曾孫請樓鑰寫《薌林居士文集序》，樓鑰點出別墅中「居壁皆畫以山水木石，門皆裝以古刻靈龜、老鶴，馴擾其間」[68]。向子諲自己寫五十首詩以形容景物，幾十年後楊萬里來游別墅，又寫《薌林五十韻》，第一首綜述，以後一景一首，描摹了四十九處景點[69]。別墅中集中成片的花木有蘭、梅、菊、梨花、海棠、芙蓉、文杏、桃李、柑橘、桑樹、槐樹等，還有瓜田、藥圃、養魚池。花木叢中的建築有企疏堂、經史閣、雍堂、退齋、竹齋、無熱軒、歲寒亭、聽水亭、折蔬亭等精緻的房舍，雍熙堂門前有玉井，泉水甘寒，宜泡茶。據范成大說，薌林別墅整個園林「有圖本行於世」，今天雖然看不到這本圖冊，但我們可以由此想見它所享有的盛譽。

　　盤洲別墅，在饒州鄱陽縣。它不同於薌林別墅，其主人非遭人忌恨，退居林下，借別墅消解怨懟，而是官爵崇高之後的衣錦還鄉，經營園林頤養天年。盤洲別墅坐落在鄱陽湖畔，園林景物異常秀美，是洪適以宰執身分和財力，於乾道年間開始精心營造

67　朱熹：《晦庵集》，卷五，《薌林》。
68　樓鑰：《攻愧集》，卷五二。
69　楊萬里：《誠齋集》，卷三十，《薌林五十韻》。

而成。別墅距鄱陽城北一里左右，占地超過百畝，種植著各種竹木和四時花卉。例如竹，看其形狀有斑者、紫者、方者、人面者、貓頭者，按名稱則有慈竹、桂竹、　竹、笛竹，群分派別，景緻各異。園中配以各具特色的亭榭，建築與景物協調，例如橘友亭，建在從外地引種過來的柑橘林中，皆東嘉、太末、臨汝、武陵所徙，又有營道、盧陵之金柑，上饒之繡橘，赤城之脆橙；林珍亭，周圍有宣城的栗，松陽的梨，贛州的「來禽」。還有處在「沃桑盈陌」之間的繭甕亭，等等。總之是物隨地換，景因物異，景物紛至，使人領略不暇。洪適心滿意足，無日不與親友詩酒歡怡，「尋棠棣之盟」。他寫《生查子・盤洲曲》，按月描述盤洲的景色，顯示其園囿的高雅情致：

序曲：「帶郭得盤洲，勝處雙溪水。月榭間風亭，疊嶂橫空翠。團欒情話時，三徑參差是。聽我一年詞，對景休辭醉」。

暑天景緻：「六月到盤洲，水閣盟鷗鷺。面面納清風，不受人間暑。彩舫下垂楊，深入荷花去。淺笑擘蓮蓬，去卻中心苦」。

金秋時節：「九月到盤洲，華發驚霜葉。緩步繞東籬，香蕊金重疊。橘綠又橙黃，四老相迎接。好處不宜休，莫放金尊歇」。

年終回顧：「一歲會盤洲，月月生查子。弟勸復兄酬，舉案燈花喜。曲中人半酣，添酒留羅綺。車馬不須喧，且聽三更未。」[70]

---

70　洪适：《盤洲文集》，卷八十，《生渣子・盤洲曲》。

曹彥約湖莊，在南康軍都昌縣，又別於向、洪二家別墅，他在園林中參錯農事，是休閒與稻麥生產並重的大農莊。湖莊在都昌縣東門之外神林浦之東，宮亭廟之北，嘉定年間開始在一片廣闊的草洲地上，托熟悉園藝的族人在此經營，種植了松數萬，杉數千，竹數百，梅、桃、李數百，銀杏、栗數十，桃、李、杏、竹以及海棠、梔子諸多花草、藥材。建築物有：所性堂、沖祐閣、暴書閣、玉京台、真面目堂（樓）……站在玉京台上，盡見廬阜，而玉京峰最近；揚瀾、左蠡、宮亭三湖，在真面目樓之下流淌。

　　湖莊按地形高低、湖水流向分區，名曰東蹊、南堤、西徑、北澳。截宮亭湖水為橫塘，「縱魚其間」。四處「有田百畝，或雜於其間，或繞其旁，取秔稻於下隰，課粟麥於坡阜」。農耕生產「有僕十餘家可以供役使，東蹊之北有道人庵，可以助種藝」。湖莊和外面的生活聯繫方便，進縣城有小舟往返，麻、豆、姜、芋可出門而得，樵薪、蔬茹可隔牆而喚。曹彥約總而名之曰「湖莊」。它作為別墅的「園圃之意常少，而山林湖泊之意常多」，故而士大夫聞湖莊之名均欽慕而肯訪[71]。各地的官紳們建造的園林別墅很多，但是經營此種參錯農事的大農莊，僅見曹彥約一人。

　　上述三處別墅園林，依次出現在高宗、孝宗、寧宗時期，「薌林別墅」是既有園林的繼續完善，後兩者均是新開闢的大型

---

71　曹彥約：《昌谷集》，卷七，《湖莊創立本末與後溪劉左史書》。

園囿。「盤洲別墅」在豪侈中顯出果樹、花卉等經濟林優勢,「湖莊」則農林並舉,百畝田地的稻麥,使其特具大農莊的個性,生產性的經濟價值置於首要位置。這三個別墅園林,由休閒遊樂型漸次發展,進而成為休閒與經濟效益結合型,超越了單純的園林別墅概念,增強了社會經濟意義。南宋士大夫和理學家們,講究「格君心」、抨擊士人無恥、議論科舉腐敗者不乏其人,而在重義前提下謀利,採取大農莊方式經營園林別墅,未能形成大趨勢,即便是曹彥約也是侷限在自我歸隱、修練心性的圈子內。在農業園地上滋生的幾株茁壯幼苗,雖然未能引發農耕經濟大變樣,卻仍然可以看出他們不平常的經濟學價值。

官紳名樓隨處都有,雖然存在名望差異,然而富豪形象不減,例如:

吉州,周必大致仕歸鄉,新建三層百尺新樓,名曰「圍山觀」,楊萬里贈詩描摹該樓的勝景:「萬峰飛入子城頭,千里長江幾上流。外面周遭蒼玉筍,虛空幻出水晶樓」。其形勢在江西居第一,「山川第一江西景,風月無邊相國園」[72]。

南昌東湖,向巨源在此建「臨湖閣」,高四丈,縱深三丈,橫寬五丈,登閣但見東湖與西山「相與收精會神」,羅拜於軒楹之間。人行湖邊,俯大明鏡,荷花十里,「照影徹目,晨霏夕靄,開闔而摩蕩,屬玉交青,浮游而後先」,妙若仙境。在其傑

---

72　楊萬里:《誠齋集》,卷三九,《益公新作三層百尺新樓,署曰圍山觀,賀以唐律二章》。

閣東邊是十畝之園林，西邊有草堂。他除了更衣就枕，整天都在傑閣上。向巨源從北方遷來，官場困厄，憑藉「為人諛墓，鄭重答謝，通得百萬錢」，得到這塊寶地，直言「一旦獨得此，吾心樂焉」[73]。

贛州寧都縣，士紳曾興宗，在縣北翠微峰的金精山青牛峽旁，買地建造別墅，山坡遍種篔竹，山泉飛瀑，聲震山谷，盛夏三伏炎熱，此處清涼如有冰雪，號稱篔簹谷。他心曠神怡，請人繪成圖卷，寄給陸游，求他賦詩，藉以傳揚。陸游詩曰：

高人心虛萬物宗，家世常以仕易農。買山本愛坡上竹，手種已偃岩前松。瀑泉三伏凜冰雪，谷聲十里酣笙鏞。了知自是一丘壑，不與金精為附庸。[74]

總而言之，散布於州縣的官紳生活，以建別墅、會賓朋為風尚，「客至觴酌從容，生計有無弗問也」。所謂「弗問」，實為不需過問，無須計較消費多少。富而重教，走科舉出仕之路，是富貴人家的一條治家要訣，優游於豪奢別墅，是他們富裕生活的另一面，在此環境中滋生紈褲子弟，終究難以避免，富貴不過三代，由此而來。

73　祝穆：《古今事文類聚》，前集卷十七，洪邁《臨湖閣記》。
74　陸游：《劍南詩稿》，卷七一，《贛士曾興宗，字光祖，以其居篔簹谷圖來求詩》。

## 二 農民的生活

農民生活於鄉間，沒有天災人禍的時候，有自己的土地耕作，辛勞之後，享受自己的勞動成果，得到天然樂趣：「稻穗堆場谷滿車，家家雞犬更桑麻，漫栽木槿成籬落，已得清陰又得花」[75]。可是風調雨順的希冀，如願很少，常有的水旱，造成稻麥歉收，農民為飢餓擔憂。詩人《憫農》曰：「稻雲不雨不多黃，蕎麥空花早著霜。已分忍饑度殘歲，更堪歲裡閏添長。」詩歌中的田園風光也是有的，但不是農民都能享受到，更多的貧窮者在短暫的豐收喜悅之後，就被淹沒在憂憤與苦難之中，殘酷的官私剝削，使他們如牛負重，很少有輕鬆和悠閒。

### 1. 客戶與佃戶

南宋高宗、孝宗兩朝的戶口統計，有主客戶總數，沒有各路分計數。紹興二十九年（1159）把主戶、客戶分別列出，主戶七六四萬，口一二八〇萬；客戶三四四萬，口三九五萬。據此考察，客戶的戶數占戶總數的百分之三一點〇五；客戶的口數占人口總數的百分之二三點六。紹興以後，客戶人數所占比例仍然很高。依據《淳熙三山志》、《景定建康志》等地方誌的統計資料，客戶數有下降趨勢，但是部分縣則在上升。光宗以後的戶口統計資料中，既沒有各路分計數，也沒有列出客戶的數字。乾道六年（1166）十月，戶部侍郎史正忠奏稱：祖宗之時會計賬冊修纂完備，現在卻不能，「渡江以來，天下多事，簿書期會，日為紛

---

75　《誠齋集》，卷二六，《田家樂》。

擾，而賑狀之計，漫不加省。近年來，比部省並曹賑司，裁減吏額，拘催賑狀，不復來上，故易於竄易，易於移兌，而干沒之患滋生。」[76]史正忠是談錢糧收入多虧耗之弊，根源在於州縣的賑冊稽違遲緩，乃至虛假不實。由此想見，戶口關係著賦稅，必然是官吏「竄易」、「移兌」的一個項目，故而不會細緻嚴密，省去了主戶、客戶的區分。乾道以後的南宋吏治，不見有明顯的改善，官府檔案、財政賑狀也不會有根本好轉。

各州縣存在客戶——失去土地的農民，是客觀事實。客戶要租種土地，故而常與佃戶等同，將二者合在一起稱為佃客。南宋士大夫們對客戶的處境，依然是很關注的。例如，陳亮指出：「今郡縣之間……制民之產，使主客有相依之道，貧富有相收之法」[77]。所謂「主客相依」，即是「主戶」之中出租土地的富裕者，和「客戶」之間的租佃依存關係。陳亮希望倡行相依之道，相收之法，正是生活中缺乏這種觀念意識，實際情況恰恰是客戶或佃客，被人們賤視，低人一等，甚至成了罵人的代名詞。崇仁吳曾說：「江西俚俗罵人，有曰『客作兒』。……凡言客作兒者，傭夫也」[78]。這種罵人話得以流行開來，也是客戶普遍存在的反映。

---

76 《宋會要輯稿》食貨十一之二四至二五。
77 鄧廣銘點校《陳亮集》（增訂本），卷十四，《問道釋巫妖教之害》，中華書局一九八七年版，第 165 頁。
78 吳曾：《能改齋漫錄》，卷二，《俗罵客作》。官僚士大夫品嚐水果之時，將枇杷比作客作兒，因枇杷核大肉少，而佃客皆體瘦露骨，故被譏罵。

陸九淵說撫州金溪縣的佃農是：

> 所謂農民者，非佃客莊，則佃官莊，其為下戶自有田者亦無
> 幾。所謂客莊，亦多僑寄官戶，平時不能贍恤其農者也。當春夏
> 缺米時，皆四出告糴於他鄉之富民，極可憐也。此乃金溪之窮
> 鄉。

這些靠佃種地主、官戶或官田為生的農民，就是佃戶，由於
客戶自己沒有土地，必須租地耕作為生，故佃戶主要就是客戶。
只有很少土地的下等戶，也需要租種一部分土地，也是佃戶。

撫州臨川縣南塘的富豪饒立，是全縣第一超等地主，田產極
廣，所居七十七都人戶，延壽鄉之七十六都、七十八都，長壽鄉
之六十三都，「皆是饒宅寄產去處，到處人煙皆是饒宅佃戶」[79]。
四個都的農民都是饒家的佃戶，其中必定會有土戶中的下等戶。
可見，客戶、佃戶不完全相等，他們是社會經濟地位最為接近的
兩部分人。他們在春夏糧荒之際，舉債度日。為了維持生活，耕
作之餘，還要從事手工勞作，例如燒製陶器：

> 金溪陶戶，大抵皆農民，於農隙時為之，事體與鄱陽鎮中甚
> 相懸絕。今時農民率多貧困。農業利薄，其來久矣。當其隙時，

---

79　黃震：《黃氏日抄》，卷七八，《四月二十五日委臨川周滂知縣出郊發
　　糶榜》。

藉他業以相補助者，殆不止此邦。[80]

　　陸九淵在這裡強調的三點都有普遍的認識價值，一是「鄱陽鎮中」的製瓷業，即饒州浮梁縣景德鎮的製瓷業，已是較大規模的燒製瓷器，專業化的工匠在作坊中長年制瓷，基本上和農業分離，有的也兼營耕作。其他地方的陶瓷燒製者則與此相反，主要是農民在農閒時兼做。二是「農業利薄」的經濟差異，農業勞動強度大，而受益卻低，風調雨順時，穀賤傷農；水旱天災時，農民首當其害；與商貿、手工勞作比較，利潤明顯更少。三是農民借他業補助生計，不止是金溪一處。小農經濟社會中的普遍民情，就是如此。雖然各地都有富裕家族，但只是少數，人群中的大多數生活在貧困之中。

　　佃戶的社會地位低下，在很大程度上受地主控制。紹興二十三年（1153）六月庚午詔：「民戶典賣田地，毋得以佃戶姓名私為關約隨契分付得業者，亦毋得勒令耕佃。如違，許越訴。」[81]這道禁令從正面告訴我們，所禁之事普遍存在於社會。而且，禁令雖然反映了發展趨勢，卻不能真正消除所禁之事。曹彥約的「湖莊」百畝農田，栽種秫稻、粟麥，是「有僕十餘家可以供役」[82]，才順利經營起來。

---

80　陸九淵：《象山全集》，卷八，《與陳教授》；卷十，《與張元鼎》。
81　《系年要錄》，卷一六四。
82　曹彥約：《昌谷集》，卷七，《湖莊創立本末與後溪劉左史書》。

南宋和北宋比較，客戶的法律地位在逆轉，受到的人身控制在加強。北宋初年的規定，地主打死佃客要償命，後來逐漸減輕，元豐年間神宗命止發配鄰近州牢城，到了南宋，高宗再一次減為止配隸本州監牢。通過法律條文固定下來的政治地位不平等，必然縱容地主豪強無所顧忌地欺壓佃農，加重剝削。收租之際不僅任意增大門面、多征耗米等手段加大田租剝削，甚至將二稅轉嫁於佃客。《慶元條法事類》規定，倘若地主違欠賦稅，官府可以追求佃戶補償。如果佃戶拖欠了田租，官府會替地主催租逼債。理宗時期，地主一人訴催私租，巡尉即率弓手「五七十人為群以追之」，致使數十家，「甚至百五六十家」遭殃[83]。

## 2. 雇工

沒有土地或失去土地的農民，轉化為客戶、佃戶，其中部分人依靠「傭力」為生，隨處打短工，有的在城中替人挑水，挑擔，舂米，替人做家務等，有的在農忙時節幫人插秧、割禾。雇工勞作日漸增多，活躍了勞動力市場，有利於城鄉商品經濟發展。紹熙二年（1191）春，金溪民吳廿九，雇三人栽稻，向「其母借所著皂綈袍，曰：明日插秧，要典錢，與傭夫工食費」[84]。家境不很富裕的吳廿九，即便典當冬衣，也要請人插秧，這是怕誤農時，而雇短工現象在農村已經常有的表現。在這裡，三個雇工與僱主吳廿九的關係，是貨幣關係，完全是經濟行為，而且也

---

83　黃震：《黃氏日抄》，卷七十，《申提刑司乞免一路巡尉理索狀》。
84　洪邁：《夷堅志》，支丁卷四，《吳廿九》。

該是一次性的，插秧完畢即罷。

　　農民在農閒時節從事其他體力勞動，藉以彌補生活資料的不足。饒州樂平縣新進鄉農民陳五，「為翟氏田僕，每以暇時受他人庸雇，負擔遠適」[85]。陳五這種「田僕」，該是普通的佃戶，有人身自由，不是被束縛的田僕，所以能夠農忙時為田主翟氏耕作，農閒時候就離開田主，自己去「負擔遠適」，幫人挑擔，運送貨物。

　　鄱陽縣貧民隗六、黃一、江友，長年受人僱傭，打零工，賣體力為生。洪邁記載說：「鄱陽小民隗六，居城北五里，家甚貧，為人傭作」；「鄱陽民黃一，受傭於鹽商，為操舟往淮南」；「鄱陽市人江友，以傭力自給，一生不娶妻，老而強健，負擔不衰」[86]。

　　樂平洪邁老家的鄉里，「有小民樸鈍無它技，唯與人傭力受直。（邁）族祖家日以三十錢雇之舂穀，凡歲餘，得錢十四千」[87]。

　　南康軍都昌縣農婦吳氏，無子寡居，「為鄉鄰紡緝、澣濯、縫補、炊爨、掃除之役，日獲數十百錢，悉付以姑，為薪米費。」[88]吳氏是勤勞而能幹的僱傭勞動者，又是孝順婆母的人，

---

85　《夷堅志》，支癸卷五，《神遊西湖》。
86　《夷堅志》，支甲卷八，《隗六母》；支癸卷六，《大孤山船》；支丁卷十，《江友掃廟》。
87　《夷堅志》，丙志卷十一，《錢為鼠鳴》。
88　《夷堅志》，補卷一，《都昌吳孝婦》。

憑藉手工技藝和家務勞動所得，養家餬口。

隆興府南昌縣杜三，其弟傭於餅家，自己在崇真坊「汲水賣之，夏日則貨蚊藥以自給」[89]。杜三兩兄弟為人傭作，替人家挑水，全然是出賣體力，販賣蚊香，則進入了商業市場領域。

所有這些出賣體力的僱傭勞動者，沒有固定職業，生活來源很不穩定，遇到天災人禍，家境就更為困苦。乾道七年（1171）、紹熙四年（1193）饒州旱災，素以糧食充足的地方，出現大批農民「餓贏者」，只能挖蕨根當飯吃，「村民無食，爭往取其根」，「田野間無不出者，或不遠數十里，多至數千人」。[90]幾千人爭著挖蕨根度日，在這種天災裡面還有社會制度的大缺陷。

在貧困者之中，以耕作勞役的農民為主體，此外還有部分潦倒的讀書人，他們沒有得到一官半職，而手無縛雞之力，無生產技能，又厭惡體力勞動，故而日子難熬。陸游將這些書生和農民對比，感嘆他們的生活更可憐：

君不見城中小兒計不疎，賣漿賣餅活有餘。夜歸無事喚儕侶，醉倒往往眠街衢。又不見壟頭男子手把鋤，丁字不識稱農夫，筋力雖勞憂患少，春秋社飲常歡娛。可憐秀才最誤計，一生衣食囊中書，聲名才出眾毀集，中道不復能他圖。抱書餓死在空谷，人雖可罪汝亦愚。嗚呼！人雖可罪汝亦愚，曼倩豈即賢侏

---

89　《夷堅志》，乙志卷七，《杜三不孝》。
90　《容齋隨筆》三筆，卷六，《蕨其養人》。

儒。[91]

　　讀書而沒有出仕的秀才，本有比較好的家庭經濟環境，可以支撐其不事生業，卻倒楣至於「抱書餓死在空谷」，全部原因集中為一點，是根深柢固的賤視生產勞動的觀念，使他們只願做寄生蟲，以致坐吃山空。他們的窮困，和農民的貧窮，是決然不同的兩回事。

　　奴僕是社會地位最低下者。役使奴僕，在南宋是合法的。各地的官僚豪紳以及一般富有家庭都役使婢僕，習以為常。貧者生計無著，被迫賣身為奴，為富者提供勞作服務。上述的鄱陽江友，淳熙十六年（1189）已是八十老人，才捨去舊業，於正月八日「捨身為中堂奴」，替寺廟掃地抹灰等，吃飯在廟祝孫彥亨家，夜則睡在屋簷下。孫彥亨家也很貧窮，故而江友經常挨餓，或整日不吃。紹熙四年（1193）十二月十三日，他已經八十四歲了，到了傍晚時分，還在掃地。乾道年間，周必大買婢一人，以供隨身服侍。即便是清貧自處的陸游，也有老奴侍候[92]。洪邁家養馬人是饒州派給的兵卒朱顯，謹畏勞作二十年，沒有過錯[93]。楊萬里家裡，長年役使著一批奴婢，據說其妻羅氏，每到寒冬日子，黎明即起煮粥，「遍享奴婢，然後使之服役」。她兒子楊東

91　陸游：《劍南詩稿》，卷十五，《書生嘆》。
92　《劍南詩稿》，卷四五，《獨坐視老奴灌園》：「東窗日晚獨愁予，眼闇年來頗廢書。賴有吾家老阿對，相從引水灌園蔬」。
93　《夷堅志》，丙志卷六，《朱顯值鬼》。

山反對：為何「倒行而逆施」，天寒何自苦如此？她解釋說：「清晨寒冷，須使其腹中略有火氣，乃堪服役耳。」[94]羅氏的做法，不僅表明其個人心地良善，也是使奴喚婢者共有的經驗。

奴僕的來源，主要是貧困群體中的下層成員。他們本出良家，或迫飢寒，或遭誘略，因此終身為賤。在被「誘略」者中，有一些是從外地販賣來的。乾道八年（1172）權贛州知州羅願，捕治盜牛賊的時候，發現他們往廣南偷牛同時，「往往並掠其小兒以來」。之後他出任鄂州，「又見民間所須僮奴，多籍江西販到，其小者或才十歲左右」。奴婢市場所以旺盛，不僅是人口販子圖利，還有官員的貪鄙，他們不打擊販賣者，只是「計口收其稅錢」，因而「歲時竊來，疊疊不已」。而富豪之家，又違法役使。按民法規定：「僱人為婢，限止十年。其限內轉僱者，年限、價錢各應通計」。而實際的做法，都是中途轉移，隱瞞原來被役使的時間，任憑「牙家自賣，別起年限，多取價錢」[95]。奴僕沒有完全的人格，實際上與財物無多少區別，作為人他們要承受主人的隨意打罵，作為物他們被拋進市場買賣。法律的規定與社會實際存在差距，更多地把握奴婢生活實際，才能更接近歷史真實。

---

94 羅大經：《鶴林玉露》，卷四，《楊誠齋夫人》。
95 羅願：《羅鄂州小集》，卷五，《鄂州到任五事箚子》之五。

## 三 永佃制的出現

南宋租佃關係趨於複雜，隨著平民經濟條件的變異，在一些官田經營中出現了對佃耕權的占有，對土地使用權的轉讓，逐漸形成永佃權式的租佃制度。北宋徽宗時期，吉州對屯田的租佃經營中，已經有立價交佃，就像典賣己物一樣。政和元年（1111）吉州知州徐常上奏：

諸路唯江西乃有屯田非邊地，其所立租則比稅苗特重，所以祖宗時許民間用為永業。如有移變，雖名立價交佃，其實便如典賣己物。其有得以為業者，於中悉為居室、墳墓，既不可例以奪賣，又其交佃歲久，甲乙相傳，皆隨價得佃。[96]

吉州的屯田面積不小，租谷達八七〇〇〇餘石，按對半分常例，則是十七萬餘畝。在這裡會出現「便如典賣己物」的事情，關鍵在於田主是朝廷，已經按私田標準出租，為求收入穩定，永許佃耕者「用為永業」，「祖宗」的決策即宋太祖、太宗時定下的事，州縣自然不會改變，於是其中有了居室、墳墓，可以自行作價轉讓佃耕權。這樣，永佃權隨著「二地主」同時產生。

到了南宋，吉州屯田的問題依舊存在，楊萬里建議把屯田、營田和沒官田一起變賣，藉以解決百姓稅田之不足。乾道、淳熙年間吉水縣已經將屯田出賣，更為稅田，收到田賦二一三四

斛[97]。

屯田中的佃耕變異狀況，在撫州等地同樣存在。光宗紹熙初年（1191 前後）陸九淵得知朝廷要賣民戶佃耕的屯田，覺得不妥，遂寫信告訴金溪知縣：

（元祐年間）以在官之田，區分為莊，以贍貧民，籍其名數，計其頃畝，定其租課，使為永業。……歲月浸久，民又相與貿易，謂之資陪，厥價與稅田相若，著令亦許其承佃。明有資陪之文，使之立契字，輸牙稅，蓋無異於稅田。……歷時既多，展轉貿易，佃此田者，不復有當時給佃之人。目今無非資陪入戶，租課之輸，逋負絕少，郡縣供億，所賴為多。[98]

佃耕這些有莊名的屯田農戶，在金溪縣約計三千戶，經過從元祐到紹熙的一百餘年變遷，佃種者已非當時給佃之人，通過「資陪」而轉手，價格已經和「稅田」即私田差不多，而且是「立契字，輸牙稅，蓋無異於稅田」。很顯然，這已經是「永佃權」的經營形式了。

新淦、奉新、崇仁三縣的沒官絕戶田，在經營中也存在轉讓使用權現象。陸九淵在上面的信中同時說到這些田的增租劃佃事實：

97　楊萬里：《誠齋集》，卷七四，《吉水縣除田租記》。
98　《象山全集》，卷八，《與蘇宰》之二。

沒官絕戶田的租課甚重，租佃者「罄所入不足以輸官」，於是「賄吏胥以圖苟免。春夏則群來耕穫，秋冬則棄去逃藏。當逃藏時固無可追尋，及群至時則倚眾拒捍」。究其根源，皆因「吏胥一時紐立租課，或是農民遞互增租剗佃，故有租重之患，因而抵負不納，或以流亡拋荒，或致侵耕冒佃」。

　　「沒官絕戶田」，是官田的一種，其數量未見綜合統計資料，撫州南宋晚期有「譚胡莊、三鄒莊、阿鄭莊沒官田租共三萬二千石」，數額不小。這些被官府沒收的糧田，由衙門經營，故而吏胥「紐立租課」，明顯是借官府威勢敲詐佃農。農民遞互增租剗佃，佃客之間實現退佃、承佃，雖沒有耕地的所有權，但掌握了耕作即使用權。佃耕權在轉移過程中，使剗佃者獲利。增租而剗佃，一般是田主對佃戶採取的行為，也可能是兼併者搶奪某塊土地的手段，尤其是在官田的經營中會出現。紹興二十年（1150）戶部奏疏中指出：「契勘州縣沒官田土，往往形勢之家互相剗佃」[99]。新淦等三縣的沒官田中自然也會出現形勢之家剗佃搶奪的情況，但這並不排除土地使用權被某家控制的可能。

　　農民在「資陪」、增租的條件下，獲得對屯田、沒官絕戶田的佃種權，勢必盡其熟練耕作技術，「終歲竭力其間」，才有望獲得好收成，這就會促進精耕細作，推動多種經營，提高土地效益。與此同時，也會帶來吏胥貪賄，流亡拋荒，侵耕冒佃，訟案

99　《宋會要輯稿》，食貨五之二六。

紛繁的社會問題。

那些獲得長期佃種資格的人，能夠典賣已物一樣轉佃耕地，即是有了對這塊土地的永佃權。於是，土地的所有權和使用權在永佃的形式中已經分離，出現田骨（所有權）、田皮（使用權）的名稱。在典質買賣之中，已經買斷之田的田契，叫做斷骨契；斷骨契上寫明的田畝，不能到期贖回。所有這些永佃制租佃現象，到明清時期發展普遍，尤其是贛南地區。

## 四　田租與土地買賣

### 1. 田租

眾多的客戶需要租種土地，多種名目的官田出租給農民耕種，租佃者交納的田租，民間例規是佃戶將收穫的五成交給田主，即對半分。洪邁說自家所在的饒州，「下戶貧民自無田，而耕墾豪富家田，十分之中以五輸本田主，今吾鄉俗正如此，目為『主客分』云」[100]。這是在約定的租額上說的，實際交租過程中出現的附加，則因人因地而異。所謂「增租刬佃」所增之數，就不在十分之五以內了。在實際生活中，佃戶交租時必然要承受額外的附加，或「禮節性」的索取。福建樂清人劉黻年輕時寫《田家吟》說：

---

100 洪邁：《容齋隨筆》，續筆卷七，《田租輕重》。上海古籍出版社一九八七年版。

豪家徵斂縱獰隸，單巾大帕如蠻兵。索錢沽酒不滿欲，大者羅織小者驚。

谷有揚簸實亦簸，巨斛凸概謀其贏。詎思一粒復一粒，儘是農人汗血成[101]。

劉黻淳祐初年（1241）為太學生時，因上書攻丁大全，曾被送江西南安軍安置，對江西農村有切身體驗。豪強差來收租的僕隸，不僅要酒食招待，他還給你羅織大小不是，如藉口谷不乾淨，揚簸空殼時把一些實谷也簸了，量谷時使用大門、大斛（亦稱桶），贏了還要贏。

按宋朝政策規定，官僚們享用的職田實行租佃制，佃戶「以浮客充，租課均分，如鄉原例」，也是對半分。現任官從職田得到的已不少，但他們的慾壑難填，要擴大田租收入。手法之一是增加職田面積，「江西土地遼闊，往往將別色田畝占充職田」，隆興府兩通判原管職田一百餘石，孝宗時期增至八九百石，其他官員「亦倍數增添，他郡似此不少」[102]。手法之二是折變，將田租谷改折現錢，加價徵收，紹興二十九年（1159）「江西、湖南

---

101 劉黻：《蒙川遺稿》，卷二，《田家吟（少時作）》。詩中寫「凸概謀其贏」，不知如何理解。概，丁字形，量谷時使斗、斛表面平滿的工具，用時手執豎柄，使橫桿在斗斛面上劃過。如果橫桿凸，則斗面下凹，不利於田主。若是約定，斗面上劃下的谷歸田主，則無須凸概，不如使用平概。只有在佃戶向田主借谷時，使用凸概，田主才獲利。

102 《宋會要輯稿》，職官五八之二八。

米斗才數十，而圭租乃命折價三四千」[103]。

朝廷徵收的田賦，有時也稱作田租，一般來說稅額比私家田租額更低，但是在徵收時有名目繁多的附加，實際索取的數量達到正額的三倍。洪邁在說饒州田租時同時說到田賦：

每當輸一石，而義倉、省耗別為一斗二升。官倉明言十加六，復於其間用米之精粗為說，分若干甲，有至七八甲者，則數升之取亦如之。庚人執概從而輕重其手，度二石二三斗乃可給。至於水腳、頭子、市例之類，其名不一，合為七八百錢，以中價計之，並僦船負擔，又需五斗，殆是一而取三。

田賦交納中「一而取三」的高額苛索，對江西農民的禍害尤其巨大，因為田賦基數大，被加征的數量相應激增。

富室豪強對農民的欺壓剝削，方式很多，在賦稅上造假轉嫁，是重要的一種。州縣在編制和稽核土地冊籍中，由鄉胥、都官、保正開始承辦，這些人皆豪家大姓充任。倘遇官吏精明，監察嚴而稽考密，則不容其私。反之則不然，現在「州局無可專委之官，胥徒皆少年無賴之輩，豪家大姓先生慢心，鏨改在其手，少（抄）算在其手，造籍在其手，雖親戚故舊之產，猶不容不

---

103 《朝野雜記》，甲集卷十六，《圭田》。中華書局，二〇〇〇年版。職田的產品充作地方官的俸祿一部分，用以養廉，因取其「圭潔之意」，故又稱「圭田」。

隱，況糾正其自產哉。懷私得便，平日併吞之心，反因是以售其奸。況守令更易靡常，識見不同」，政策措施多變，所以貧弱長受困苦，而賦稅卒不得其實。[104]

## 2. 土地兼併與買賣

南宋的經濟生活實際是，「貧富無定勢，田宅無定主。有錢則買，無錢則賣」。土地進入市場交易，政府允許土地自由買賣，只要雙方將買賣土地的田契，交官府查驗正常無偽，交納田契錢，加蓋官印（蓋了印的謂之紅契），將賣主所賣的土地從國家版籍上過割給買主，而後由買主承擔這塊土地的田賦，土地所有權的轉移就算完成。如果沒有經過官府查驗，未蓋官印，謂之白契，未納田契錢，則為不合法。對於不合法的土地買賣，官府只要求補辦手續，交納稅錢，過割田賦就行，不干預土地買賣本身。活躍的土地買賣，加速了土地所有權轉移，也刺激了土地兼併，豪富們通過交易的形式，在合法的規則下實現其兼併行為。

有的豪強攫取財富是憑藉政治權勢，例如，寓居撫州的官紳王歷，「恃秦檜之勢，凌奪百姓田宅，甚於盜寇，江西人苦之」[105]。建昌軍的官紳呂郎中，是知軍孔摺之弟的父親，他見新城縣（今黎川）妙智寺「有田皆上腴」，「垂涎其產」，利用其和孫摺的沾親權勢，趁「寺僧盡死」的時機，向新城張知縣提出要求，「張畏其挾勢」而答應，他遂在「承佃」的名義下據為己

---

104 王柏：《魯齋集》，卷二十，《宋故太府寺丞知建昌軍王公墓誌銘》。
105 《系年要錄》，卷一六四，紹興二十三年三月癸丑。

有[106]。臨川縣穎秀鄉，居民為品官後代，多年來形成慣例，「族人之有官品，同宗皆可影占，父祖之有限田，子孫皆可互使」，於是，這些人應負擔的賦稅、差役轉嫁到貧民下戶，「以故小民或有丘角之田，爭相求售，無敢存留，否則必官戶之干人，或其宗族親戚，並緣假借，以圖影占」。[107]撫州慈龜嶺富戶張生，以財勢雄霸鄉間，「訟輒得勝」。他家的田與艾氏毗鄰，每當天旱，陂塘乾涸，張生就攘奪艾氏塘水灌溉，因而爭吵鬥毆，艾氏田僕被打傷，他們都去州縣告狀，但「累歲不得直」[108]。瑞州高安縣大姓幸氏，貪占徐氏田，沒有得到，強割徐家的稻禾，徐家仍然不給田。又誣告徐氏殺了他家奴婢，致使徐氏人被投進監獄。徐氏告狀訴冤，江西提點刑獄趙汝讜查得實情，以反坐法黥竄幸氏，籍沒其家產。但幸氏僥倖逃脫，向朝中權貴告急求援。結果，趙汝讜被調往湖南，解除了對幸氏的威脅，幸氏可以依舊橫行霸道。

州縣的學田，常被豪霸蠶食成了私家財產，如隆興府靖安縣，「邑舊有學田，為豪家侵占」[109]。贛南公有的山林，也是豪霸占奪的目標。贛州安遠縣「豪民佃山林三百谷」，使民眾無處

---

106 洪邁：《夷堅志》，支志甲卷五，《妙智寺田》。中華書局，一九八一年。

107 《名公書判清明集》，卷三，《限田論官品》、《提舉再判下乞照限田免役狀》。

108 洪邁：《夷堅志》，丙志卷九，《丘秀才》。四庫本。

109 李大異：《舒邦佐墓誌銘》。轉錄漆俠《中國經濟史‧宋代經濟卷》上冊，經濟日報出版社一九九九年版。

樵採。乾道七年（1171）知縣王鎮「毀其帖，聽民樵採」。知縣毀豪民佃山帖，出發點是扶助小民，其做法卻是以專制破壞法規。豪民通過「帖」（文契）而「佃」山林，是其合法的經濟權利，不宜憑藉官府權勢毀其帖。「催抑兼併」的片面性觀念，在當時普遍存在，且得到社會讚賞。

土地任便買賣，「兼併」時刻發生，催生出「千年田換八百主」的事實。南宋晚期盧陵士人羅椅《田蛙歌》，以本地口語生動的說出田地換主的頻繁狀：

蝦蟆，蝦蟆，汝本吾田蛙！……啁啁又向他人叫，使我惆悵悲無涯！

蝦蟆對我說，使君休怨嗟，古田千年八百主，如今一年一換家。

休怨嗟，休怨嗟，明年此日君見我，不知又是誰田蛙！[110]

由於土地也就是財富的疾速轉移，貧富之間的變換跟著出現。這種社會情狀，處在基層的布衣詩人謝逸，看得分外清楚。他寫家鄉臨川居民的家境變異說：「余自識事以來幾四十年矣，見鄉閭之間，曩之富者貧，今之富者，曩之貧者也」[111]。貧富變

---

110 羅椅：《澗谷集》，卷一。《豫章叢書·集部六》，江西教育出版社二〇〇四年版，第535頁。
111 謝逸：《溪堂集》，卷九，《黃君墓誌銘》。

化不拘的事實，催生出「十年財東輪流做」的觀念。引發這種變革的力量，不是改朝換代的政治搏鬥，而是「有錢則買，無錢則賣」的經濟競爭。既然社會上的普遍行情是「貧富無定勢，田宅無定主」，流行「富兒更替做」的諺語，那麼，主戶與客戶的嚴格區別還有必要嗎？這該是戶口統計中逐漸消失主戶、客戶類別的根本原因。

## 第五節 ▶ 官府的賦稅剝削與州縣施政實績

### 一 賦稅剝削的加重

南宋在戰亂艱難中建立，借江南財力支撐，抗住了金兵，穩住了統治，而江南的富裕又促使南宋統治加速腐敗，文臣武將廣占田園，豪奢極侈，州縣官吏貪賄敲詐，刻薄百姓。貪官、猾吏與豪強勾結，「因緣為奸，機巧多端，情偽萬狀，以有為無，以強吞弱」，苛捐雜斂的名目據說有七十種。人們議論「公人世界」（吏人世界）之害，而「書生腐儒又以經術之為羽翼，為之干城，沮正救之勢，塞懲治之路」，故而「風俗敗壞，人才積衰，郡縣積弊，事力積耗，民心積搖，和氣積傷。」[112]軍費開支浩繁，財政十分吃緊，因而對百姓的搜刮也厲害，在正賦之外，還有各種名目的雜稅，主要的如經總制錢、月樁錢等，都是普遍徵

---

112 陸九淵：《象山全集》，卷九，《與王謙仲二》。

收，無人可以逃脫的。徵收之中官吏的貪暴橫取，則又難以記述。

孝宗一朝的財政負擔沉重，對民眾的剝削比前有增無減。首先是為了準備對金的戰爭，消耗了巨額的軍費。紹興初年，宋金戰爭最激烈的時候，禁軍只有一九點四萬餘人（不含川陝地區），可是孝宗乾道年間達到四一點八萬人（包括四川）。多一個兵就多一份給養，百姓就增加一份負擔。就正常供應估算，「合錢糧衣賜約二百緡可養一兵，是歲費錢已八千萬緡，宜民力之困矣」[113]。當時有人算過一筆賬，「民之所謂第一等戶，盡其賦入不足以衣食一兵」。[114]這還只是有定額的衣糧賞賜之數，未算那些借兵而貪污的蠹弊數量。其次，冗官、冗費增多。通過恩蔭、科舉、歸正人授官等途徑，進入仕途的人數大大超過南宋初期，其中約半數無差遣可授，無事可做，坐領俸祿。冗費之中，僅給太上皇帝夫婦節日禮物一項，即多得驚人，淳熙二年至十四年間（1175-1187），合計黃金二點二萬餘兩，銀四十六萬餘兩，錢二十五萬貫，會子三五○萬貫以上，絹三萬匹，度牒一七○餘道。

但是，孝宗朝的財政積存並未因開支巨大而虧少，淳熙六年（1179）四月，封樁庫報告說共管現錢五三○萬貫，此外，還有因積存的歲月太久，「至於貫朽而不可校」。此中的主要奧秘在

---

113 《建炎以來朝野雜記》，甲集卷十八，《紹興內外大軍數》、《乾道內外大軍數》。
114 葉適：《水心別集》，卷十二，《廂禁軍弓手土兵》。

於聚斂財賦更厲害。

孝宗之後的南宋統治日益衰退，各種社會矛盾越積越深，對民眾財富的搜刮也越厲害。官府的橫徵暴斂因蒙古南侵而更甚，而豪強惡霸魚肉小民的行徑沒有收斂。有人揭露說：坐在饒州的江淮荊襄諸路都大提點坑冶吳淵，「恃才貪虐，籍人家資以數百萬計，掩為己有」。

南宋中後期統治的諸種弊害，僅就賦稅方面看，江西受害不淺。

### 1. 變相增加中的上供正賦

財富上供，起源於唐朝中期，安史之亂以後，憲宗把天下財賦分為上供、送使、留州三份。上供，指上交朝廷，送使是歸藩鎮（節度使）享用，留州則為地方開支。宋朝削藩之後，節度使有名無實，三分法改成兩分法：上供、留州。宋代的「上供」有具體內容，並非地方上交中央財賦的總稱。李心傳記載南宋的財賦說：「渡江之初，東南歲入不滿千萬。逮淳熙末，遂增至六千五百三十餘萬焉。今東南歲入之數，獨上供錢二百萬緡，此祖宗正賦也。……自經制以下錢，皆增賦也。」[115]這裡所說的「今」，指光宗紹熙年間（1190-1194）。自建炎以來約七十年間，東南歲入淨增五五〇〇餘萬緡，而其中的上供正賦只有二〇〇萬，可見絕大多數是經制錢等新增的雜稅。

正稅，即夏、秋二稅。南宋夏絹、秋糧的稅額，和北宋差不

115 《建炎以來朝野雜記》，甲集卷十四，《國初至紹熙天下歲收數》。

多。秋糧，亦稱苗米，絕大部分上供朝廷，很小一部分留州支用。但是附加的雜項名目多，如「耗米」，在徵收秋糧之時，以官倉在收進、儲存與運輸中有損耗為理由，每交糧一斛，加耗五六斗，甚至更多。再是收糧用大鬥，比標準斗要超過三成或三成以上。夏稅的絹帛，建炎以後要折成現錢交納，稱作「折帛錢」，開始時按市場價，後來逐漸增加，有時超過市價兩三倍。還有水腳錢、腳剩錢、租船費等雜稅。這些附著在正稅上的雜項，實際是增加了正額，多收到的錢糧或被官吏貪污中飽，或作為「羨餘」上供朝廷。朝廷為求得到更多的財賦，明令州縣交納上供錢。從臨江軍的實例中，我們可以看到上供、留州、加耗幾層賦斂的實際內容，以及「加耗」的程度。孝宗時期，彭龜年代替臨江軍官府上奏說：

臨江軍所管三縣（清江、新喻、新淦）苗米，總計一二五五四三石有奇，歲撥上供一一○五四三石六點四斗，止有一五○○○石留州支用，而逃亡、倚擱猶在其間。

本軍每月合支官兵等米計二九○○餘石，每歲計三四八○○餘石，而閏月不預此數。以其所入，較其所出，常欠米二九○○○餘石。

而又本軍每歲上供至鎮江、建康、池州交卸，所用水腳靡費等錢，數目浩瀚。鎮江每石至五○○以上，建康四○○以上，池州三○○以上，且通以一石四○○為率，歲合用錢四四○○○餘貫。而百姓輸苗每石止納水腳錢二○○，僅得錢二四○○○餘貫，尚欠錢二○○○○餘貫。若以米計，又須得一五○○○石，

始克辦此。

是本軍歲必額外取米四萬四千餘石，方可支吾[116]。

這裡所說的僅僅是臨江軍實際虧欠所造成的「加耗日多」，每年必須額外加徵四點四萬石，這還沒有涉及額外橫賦，官吏貪賄與勒索等情事。即就每年額定加耗四點四萬石考校，已占稅糧十二萬餘石的百分之三十六點六。

臨江軍轄的三縣中，以新淦縣的負擔最重。新淦每年入不敷出，必須在「加耗」的名目下多徵七成。其財政收支與加耗的具體內容，據嘉定六年（1213）前後知縣黃幹的報告稱：

苗米額管六二〇〇〇石，除二〇〇〇石不可催，實管六〇〇〇〇石。每年起綱及馬谷共管六三〇〇〇石，軍用五〇〇〇石，縣用六〇〇〇石，此已是七四〇〇〇石米矣。又要貼水腳錢二萬貫，春衣一萬貫，半年版賬二萬，共五萬貫，皆是將苗米折價，須二點五萬（石）苗方折得許多錢。如此乃是十萬石苗矣，「故每石加耗等共收一石七斗，縣計方足。江西一路皆然，不但此邑為然也」[117]。

新淦全縣稅糧每年收入六萬石，而支出合計為九點九萬石

---

116 彭龜年：《止堂集》卷十二，《代臨江軍乞減上供留補支用書》。
117 黃幹：《勉齋集》卷五，《與李敬子司直書》。四庫全書本。

（7.4＋2.5），支出超過收入的百分之一六五，故而每石必須加耗
七斗，方才足用（稍有盈餘）。加耗量為四點二萬石（6 萬
×0.7），占稅糧六萬石的百分之七十。在新淦錢米折價，是每石
二貫，這可以作為江西米價的參照系。黃幹指出，新淦的加耗實
情具有普遍性，「江西一路皆然」。

　　臨江軍、新淦縣的細賬，比較充分的映現了江西各地情況。
但是，各州之間仍然存在差別，不是完全一樣的。據彭龜年瞭
解，以各州軍所征苗米推算，科撥上供的數額以贛州、南安軍、
袁州最輕，隆興府、建昌軍、撫州、江州取及七分以上，吉州八
分以上，唯筠州、臨江軍取及九份以上，最重。

　　正賦是常賦，數額相對穩定，但在實際徵收過程中卻有變
故，譬如經常出現的「預借」，即是最惡劣的一種。淳熙五年
（1178）二月戊辰，臣僚言：「郡縣之政最害民者，莫甚於預借，
蓋一年稅負支遣不足，而又預借於明年，是名曰借，而終無還
期；前官既借，後官必不肯承。望嚴戒州縣，如有違戾，監司常
切覺察。從之」。[118]所謂嚴戒州縣預借，完全是騙人的空話。預
借起於「支遣不足」，來自朝廷，是浩大的財政開支造成的。這
種官樣文章不可能產生實效。對金朝納「歲幣」的關係不改變，
朝廷的靡費不減少，龐大的養兵費用不壓縮，腐敗的吏治不改
善，州縣徵收的賦稅始終滿足不了朝廷的需求，擺脫不了「支遣
不足」的困境，「預借」就避免不了。

第四章‧南宋統治下的江西社會

　　夏稅納絹，按丁徵收，其中的弊端也不少。淳熙五年（1178）二月臣僚奏疏提到稅捐徵收中的除附、輸納二弊，「除附」之弊，是在納稅人丁數上作弊，「輸納」之弊，是多層徵收，收了又不銷簿。說是「鄉司為奸」，實際是朝廷官府與地方胥吏在瓜分多收的錢財。對這種「紐於久例」的劣政，官員們提出的改正辦法是，百姓「自陳其家實管丁若干，老病少壯悉開列於狀」，「如隱年者許人告首。每歲納足，即與銷簿給鈔。許錢、絹從便送納」。這個建議是否實行，未見記載。從賦稅徵收與吏治的總體狀況考慮，即便下令施行，恐怕也不會有多大的實效。

　　無額上供錢：亦稱上供錢，建炎二年（1128）正月初一就定下這個名目，雖說沒有定額，卻是經常性的無限勒索。無額，或許就是最大之額。剛開徵之時即以官員拘收滅裂，下令凡是「欺侵失陷者，重加典憲」。因為不定額，有極大的自由度，既然是非上繳不可，又能名目隨便，徵取時官吏能夠任意，上交時亦可機動，故而「窠名繁多，州郡得欺侵」的弊病與生俱來。建炎三年七月，依戶部侍郎葉份的建議，諸路所交的上供錢物斛斗，相互比較最多最少，進行賞罰，「庶使官吏有勤惰之戒」。紹興二十五年（1155）四月繼續賞罰之令：諸路州軍知州、知軍、通判，今後拘收無額（上供）錢物及一萬貫，減一年半磨勘；達一萬五千貫以上，減二年磨勘。赤裸裸地以陞官激勵州縣長官敲詐民財。

　　在總體「無額」的前提下，對上供錢物的追求仍然離不開數額。紹興二年（1132）十月十三日，尚書省提出，江西吉州、筠州、臨江軍上供糧食累年沒有數額，今年豐稔，理當措置。於是

派朝官到江西協同轉運使韓球，「逐州催納，先次起發三十萬石」，赴鎮江府權行交卸，限至十二月終起發盡絕[119]。「先次」要的是大米三十萬石，此後還要什麼沒說。「逐州催納」就不限於吉州、筠州、臨江軍三地了。看來這種「無額」上供，比有額更便於「按需」勒索。以後在各種雜費收入分成之中，朝廷要求多得二份，江西州軍不願少得，又將這筆錢物轉派民戶。紹興二十六年（1156）十一月，江西轉運司主管文字逄汝舟上奏：希望朝廷下詔「戒飭州縣，於每歲增起二分錢物，不得增敷於民，庶使民力不致重困」。所謂「戒飭」，並非禁止，每年增加上供的十分之二錢物，實際還是加在百姓頭上。紹興三十年（1160）九月，江南西路已經集中起來了的上供米九十七萬石，江東、兩浙各上供米八十五萬石，數額都很大。淳熙年間，贛州知州留正（泉州人），確信當地糧食不豐，奏請減少上供米，沒有回應。等到留正任宰相的紹熙元年（1190）才予蠲減一八〇〇〇石。

在田賦中還有官田的田租，實際是一種橫賦。官田中的營田，即官兵的屯田，南宋前期，江西各地共有四千餘頃，其中「已佃一千九百餘頃，租錢五萬五百餘貫」[120]，合每畝二六五文。隆興府奉新縣的營田，佃給農民耕種，「畝賦米一斗五升，錢六十」[121]。由於營田租額重，農民承受不了，致使多有荒廢。

<hr>

119 《宋會要輯稿》食貨三五之二二。
120 《宋史》，卷一七三，《食貨上一》。
121 《宋史》，卷三六一，《張浚傳》。據《程迥傳》，隆興府進縣縣「細米每斗才九十五文」。

孝宗時期，楊萬里指出：

> 臣獨見江西之屯田，大抵其田多沃而荒，其耕種者常困，其
> 利則官與私皆不獲。夫田之沃者，耕之極也，而何至於荒？利不
> 歸於上則歸於下，而官與私何至於兩不獲？租重。故一年而負，
> 二年而困，三年而逃。不逃則囚於官，不破家、不瘐死則不
> 止。**122**

　　秋糧交納之中，農戶受到多種勒索，合計各種附加的數額，
大約三石才夠交一石。官府徵收田賦，是對全部有土地的主戶施
行的，實際上受盤剝的主要是中下等農戶。富裕大戶，尤其是官
宦人家名下的各種附加數額，最終都將轉嫁到佃農頭上。在信
州，「上饒縣歲納租數萬石，舊法加倍，又取斛面米」**123**。所謂
斛面米，即是庾人執概從斛鬥上刮下來的米，本應歸交租農民，
卻被官府拿走了。撫州徵收苗稅，只有吏胥之家與官戶有勢者，
能夠不多交，一斛就交一斛，一斗就交一斗，「若眾民戶則率二
斛而輸一斛，或又不啻」，江西漕司每年「有所謂明會米，州家
每於民戶苗米數內每石取五斗供之」，這就是正額二石，實際要
交三石。不久，「於二斛輸三斛之上，又浸加斛面，民益以為

---

122 楊萬里：《誠齋集》，卷八九，《千慮策‧民政下》。
123 《宋史》，卷四三七，《程迥傳》。

困」[124]。臨江軍清江縣，「每石加耗七斗」[125]，超過撫州。隆興府「所收苗米於常年所受加耗之外」，另外「增收斛面米多至三升。又其所納米等色，分作上中下九等之外，更有加點添耗之弊，民以為苦」。嘉定六年（1213）之後，又「將斛面紐作實數，更增三升，即是無名暴賦，立為常規」[126]。所謂「加點添耗」，是在把所納米分了上中下九等之外，又「妄以糠粃濕惡為名」，訛詐民眾再加耗米。

直接對農民敲詐勒索的是州縣官吏，他們都以欺壓農民為發財之源。安仁縣（今余江）有攤派鹽錢之害，如朱百乙被攤十九人，其中的彭正九自身又被攤三十八人，公文上雖然寫「未憑事實」，通判廳官員卻「視為奇貨」，差專人輾轉追催，逼民戶忍受飢餓，「而後可飽專人及弓卒之慾」。餘干縣農民有監租之苦，如周謙的一頃荒田，有人教唆說若能修復，可增租數倍，於是，以不可修之陂為「見在」，以不可耕之田為「見佃」，額外增租，「通判更不詳審」，便將佃農拘押監禁，「寨兵恃其有所承准，輒敢將佃家十餘人鐵料拘鎖，拷打無全膚」[127]。

## 2. 名目繁多的雜稅

南宋的賦稅名目，尤其是雜稅的名目極多，孝宗時期，戶部報告的名目有六十五種。淳熙六年（1179），戶部郎趙師睪言：

---

124 陸九淵：《象山全集》，卷八，《與張春卿》。
125 《宋會要輯稿》，食貨九之二四。
126 曹彥約：《昌谷集》，卷一六，《豫章苗倉受納榜》。
127 《名公書判清明集》，卷一，《禁戢攤鹽、監租差專人之擾》。

「紹興以來賦入綱目浸多，中間雖將頭子等窠名五十二項，併入經總制起發，造賬供申，其後復添坊場寬剩、增添淨利等窠名錢一十三項，又皆隨事分隸戶部五司。其為財賦則一，而所隸者五，莫相參照」。[128]不同的衙門，以各自的理由，隨時設置的稅目，都積累起來，不斷向百姓徵取，因而剝削異常苛重。以下聯繫江西實際介紹幾種。

經制錢：創始於北宋徽宗宣和二年（1120），浙江爆發方臘起義，徽宗命陳遘（字亨伯）為發運使經制東南七路財賦，創收比較酒務錢、頭子錢，單獨作為一項稅收，總名「經制錢」。靖康初年，欽宗廢除經制錢。建炎二年（1128）冬，時局緊張，軍費驟增，高宗在揚州，各地貢賦不能運到，戶部尚書呂頤浩等建議恢復徵收經制錢，原有各項雜稅的數額也有增加，於是以鈔旁定帖錢、權添酒錢、量添賣糟錢、典賣田宅增牙稅錢、官員等請給頭子錢、樓店務增收三分房錢，令兩浙、江東西、荊湖南北、福建、二廣收充經制錢，每季輸送。頭子錢，即除陌錢，過去民間稱作「抽頭」，從唐德宗開始，但數額小，政和時每貫徵收五文，陳亨伯增至二十三文。

總制錢：紹興五年（1135），命參知政事孟庾提領措置財用，設置總制司，因經制錢額而增析名目，統在一起徵收，稱作「總制錢」。首先增收頭子錢為三十文。接著有：耆戶長雇錢、抵當四分息錢、轉運司移用錢、勘合朱墨錢、常平司七分錢、人

---

128 《宋史全文》，卷二六下。

戶合零就整二稅錢、免役一分寬剩錢、官戶不減半民戶增三分役錢、常平司五分頭子錢等二十餘項。常平錢物等雜費依舊法只收頭子錢五文足，然而在江西卻增為二十三文足，提舉司認為這「既非橫斂，有補經費」，遂成定製。紹興十一年（1141），浙東一路收總制錢一八九萬貫，「諸路准此」。

經制錢、總制錢合稱經總制錢，稅額巨大，紹興十六年（1146）徵到一七二五萬貫，占全年稅錢收入的四分之一以上。乾道元年（1165），稅錢每千文徵收經總制錢五十六文。淳熙十六年（1189），光宗即位，詔減江東西、福建、淮東、浙西經總制錢十七萬餘貫。

田契錢：是經總制錢中的一個稅目。過去民間典賣田宅則交納田契錢，歸州衙使用。嘉祐五年（1060）規定每千輸四十文，宣和四年（1122）增為六十文。紹興五年征總制錢，再增為一百文，後來將其中三十五文歸經制司，三十二文半歸總制司，三十二文半留州。乾道末，留州的一份內又拿走一半歸總制司。此外還有牙稅、勘合等，統在一起，「大率民間市田百千，則輸於官者十千七百有奇，而請買契紙、賄賂胥吏之費不與。」[129]典賣田宅抽稅高達百分之十七以上，民眾負擔太重，於是有人隱匿不報，私下交易，出現「白契」。

月樁錢：也稱「每月樁發大軍錢」，是南宋初年為應付軍費

129 李心傳：《建炎以來朝野雜記》，甲集卷十五，《田契錢》。「市田百千」，即買賣田得錢一百貫。

開支特設的一項雜稅。紹興二年（1132）冬開始，令江東每月徵集十萬緡應付建康駐軍需用，其後江、浙、湖南都要徵集。雖然說是把已有的稅課——酒稅、上供、經制、系省、封樁等錢充其數，但所得不足十之一二，於是州縣在接到攤派的數額後，便巧立名目，橫徵強索，大為民患。如果徵收少了，州縣官就要受處罰。建昌軍知軍趙彥禮，因拖欠月樁錢被降官一級。

經總制錢、月樁錢都依託夏秋二稅徵收，以便確保其來源。朱熹為南康軍知軍，正值大旱期間，仍然要催繳經總制錢。大約淳熙十五年（1188），江西轉運判官趙汝愚對孝宗說：江西「獨有諸縣措置月樁錢物，其間名色類多違法，最為一方細民之害。臣試舉其大者，則有曰曲引錢，白納醋錢，賣紙錢，戶長甲帖錢，保正牌限錢，折納牛皮筋角錢，兩訟不勝則有罰錢，既勝則令納歡喜錢，殊名異目，在處非一」。江西一路交納的月樁錢，「每歲為緡錢七十萬，而格外所入者半之，雖其間亦有傅致文法者，大抵法外之斂什常三四也」[130]。這種無聊之極大害，從一開始就存在，中間也曾說要去除，卻都是空話。李心傳說：「月樁乃白著橫科，尤為無藝」。紹興九年（1139）參知政事李光說：「月樁錢害民，而江東、西尤甚」，請高宗下令減損，沒有什麼結果。到紹興十七年（1147），因宋金和議既定，已經罷兵，遂將「寬剩錢」撥充月樁錢，把原來的月樁錢減少了一些。江東、

---

130 楊士奇等：《歷朝名臣奏議》，卷一〇八，趙汝愚奏疏。趙汝愚大約自淳熙十五年開始任江西轉運判官。

西共減二二七〇〇〇貫餘[131]，（內中信州 50000 貫餘，吉州 6000 貫，撫州 25000 貫，江州 10000 貫，筠州 6000 貫，南安軍 6000 貫，臨江軍 4000 貫，建昌軍 2000 貫。）可是到孝宗末年，江南西路每歲交納的月樁錢竟然高達七十萬貫。僅這一點已足以證明南宋朝廷的剝削「取之無藝」，而江西百姓遭此重負。

江西各州之間的負擔輕重不一，袁州與筠州接壤，其地望相同，而月樁錢輕重不齊，相差至於五倍。筠州三縣合計，歲額不及袁州的一個縣多。袁州單是曲引錢一項，每歲徵三萬貫，而且沿納旁取之數還不在內。

紹熙元年（1190），因吏部尚書顏師魯奏請，光宗詔再減江浙月樁錢一六五〇〇〇貫余，內中袁州二五〇〇〇貫，吉州一七〇〇〇貫，隆興府一五〇〇〇貫，饒州一五〇〇〇貫，信州一萬貫，撫州七千貫，贛州六七五二貫，江州六千貫，臨江軍六千貫，建昌軍六千貫，南康軍四千貫，筠州二千貫，南安軍二千貫。

這個減少月樁錢的詔令是否變成現實，還有疑問。慶元初年，紹興知府沈作賓上奏指出：「徽州、南康軍月樁不如期，朝廷科降額，比年曰『權免一次』，來年督促如初，適足啟吏奸、重民害」[132]。月樁錢不能按期上交，皆由地方缺錢；分下徵收數

---

131 此據《建炎以來朝野雜記》，甲集卷十五，《宋史》卷一七九《食貨下一》作「二十七萬七千緡有奇」。

132 《宋史》，卷三九〇，《沈作賓傳》。

額時說暫免一次，但徵收時照舊不減，獲得了蠲免之名與月樁之利雙收的效益。

版賬錢：南宋初為供應軍費開支而開徵。其名目有：輸米則增收耗剩，交錢帛則多收靡費，幸富人犯法而重其罰，恣胥吏收賄而課其入，索得盜贓則不還失主，檢財產則不及卑幼，亡僧、絕戶不核實即沒其財入官，逃產、廢田不與消除而抑配，他如此類，不可遍舉。這些苛雜錢財，全都納入版曹（戶部）財計，故名「版賬錢」。宋金紹興和議之後，版賬錢仍舊徵收，當時有官員稱：縣邑所苦者，不過版賬錢太重耳。

曲引錢：紹興間發端於湖南衡陽縣，隨即為諸州軍仿效。紹興十八年（1148）開始，按田畝分等攤派，自田二十畝以上，無能免者。「袁州，江西凋郡也」，以地接長沙，曲引錢徵收偏重，每戶夏稅錢一千科二百文省（以 85 為 100），共徵五四〇〇餘緡。淳熙四年（1177），袁州知州張定叟奏：「江西始以稅額均月樁，則一路皆輕，而袁州獨重。今復曲引以補月樁，則一路皆無，而袁州獨有。既未能減月樁之重，而反增曲引之徵，非所以示公於天下」。由於他據理力爭，終於罷去袁州曲引錢。

除了繁多的稅目之外，在徵收過程中，官府也不只是按定額徵收，還要額外加倍多收，極為惡劣。手法之一是，以零為整。紹興五年（1135）四月二十八日，總制司上奏聚斂錢財的辦法說：「人戶有析居異財，以一戶分為四戶，或六七戶，絹綿有零至一寸一錢者，亦收一尺一兩，米有零至一勺一抄者，亦收一升之類……往往鄉司隱沒入己，盡入猾胥之家，誠為可惜……請別置簿拘管，逐年為通判點檢，依條折納價錢，別項樁管，專充上

供。從之」。[133]明明是細微零頭，卻被擴大十倍徵收，縣鄉猾胥借此致富，是吏治黑暗的一種表現。朝廷對此弊端視為當然，只覺得脂膏不歸己而「誠為可惜」，遂要手握大權的州通判專項點檢，上供朝廷。百姓「析居異財」，企望減輕負擔，但最終脫不了苛剝的網罟。

官吏貪殘，朝廷也貪得無厭，導致額外加倍多收不能遏制。朝廷的科斂無限，地方官挖空心思搜刮。江州知州程昌寓身兼管內安撫使之職，然而貪暴特甚，「招刺水軍多不由人情願。民生男者令納錢一千，生女者五百」[134]。在吉州，民戶竟然要交納「黃河竹索錢」[135]，儘管黃河已在金朝統治區內，南宋政府依舊向民眾徵收，無聊之極。

### 3. 實為強取的「和糴」、「和買」

「和糴」，本來是官府在市面購買糧米，不是賦稅雜費，也非苛徵勒索。南宋初期出於戰爭需要，經常下令收糴米斛，附綱起發，以助軍需。所付的糴糧本錢，多半不是現錢，而是官告、度牒、鈔引之類，它們的定價很高，少有人承買，與不給本錢相差無幾。徵收之際，還有其他附加。所以，名為和糴，實際是強取硬索。紹興初期，經常有金兵進犯，或流寇騷擾，一遇軍興，事事責辦，「有不足者，預借後年之賦，雖名曰『和』，實強取

---

133 《宋會要輯稿》，食貨三五之二二。
134 《系年要錄》，卷九二，紹興五年八月。
135 王明清：《揮麈錄》，三錄卷三，《鄭恭老上殿陳札子》。

之；雖名曰借，其實奪之」。[136]高宗不得不承認，官府未支還人戶價錢甚眾，「和糴徒有虛名」。那時有軍事急需的藉口，紹興和議以後，戰事基本平息，而徒有虛名的「和糴」依舊繼續，有時支付所謂的「糴本」，仍然多是「度牒」、「官告」，並非現錢。即便有一些現錢，也難得到達農民手中。江西糧食多，被取奪的「和糴」也多。

紹興三十一年（1161）命江南東西路、福建路、兩浙路收糴米斛，每州給度牒十道，每道賣五百貫；右迪功郎官告一張，納錢一萬貫。每州的所謂糴本為一五○○○貫，按二貫一石計，該收糴七五○○石。這次收糴數量雖不算多，然而付出的糴本只是幾張紙，而且是要民眾先付錢購買的紙。

和糴頻繁，又數額巨大，故而江西受到弊害最甚。隆興二年（1164）朝中臣僚講江西和糴之弊：

不問家之有無，例以稅錢均敷，無異二稅，此一弊也。州縣各以水腳耗折為名，收耗米十之二三，此二弊也。公吏、斗腳百方乞覓，量米則有使用，請錢則有靡費，此三弊也。官以關（子）會（子）償價，許之還以輸官；然所在往往折價，至於輸官，則不肯受，此四弊也。[137]

---

136 《宋史》，卷三七七，《季陵傳》。
137 《宋會要輯稿》，食貨四十之四一。

州縣缺乏現錢收糴，只是支付關引，而關引在民間無用，所以這種和糴與「白著」等同。楊萬里指出：江西有的州在徵收秋糧之時，搭配和糴數額，每斛攤十分之二。這些苛徵之數，大旱災時顆粒不收也不減免，飢民流徙也不給賑恤。寶慶三年（1227）監察御史汪剛中奏：「和糴之弊，其來非一日矣，欲得其要而革之，非禁科抑不可。夫禁科抑，莫如增米價，此已試而有驗者，望飭有司奉行。」[138]

臣僚們揭露這些惡劣事實的時間，是在建炎、紹興戰亂危機過去七八十年之後，這說明不僅由來已久，而且不斷嚴重，長期不改。

問題的嚴重還不僅如此。「和糴」也要加耗，而且「諸路和糴米加耗太多」，如饒州和糴米一石至加耗四斗，以致出剩的米多，官吏們於是命令農戶將這部分米折錢交納，結果被他們占留盜用。這種和糴，已經是強制攤派，「雖號和糴，與抑勒無異」[139]。在大災之年，甚至連年饑荒之時，「和糴」照舊攤派，咸淳年間，撫州連歉三歲，人民餓死甚眾，農村但見田之不耕與耕而不種，種而不耘，往往至於荒棄者甚多，當年六月至八月無雨，早禾曬損尤多，晚禾曬損亦多，撫州已將「饑荒之狀，雨暘之實，並已節次申聞公朝」。可是，八月初一日「忽准江西轉運

138 《宋史》，一七五，《食貨上》三。
139 《宋會要輯稿》，食貨四〇之二二。

司牒報，派本州和糴米七萬二千五百石」[140]。

「和買」，與「和糴」之弊相同。和買開始於北宋真宗咸平年間（998-1003），馬元方建議春天預支「本錢」給農民，至夏秋使之納絹。後來在「本錢」中搭配食鹽，再後來不給「本錢」，但仍要絹，甚至又要折錢交納，稱作「折帛錢」，變成了苛稅名目。建炎初年，和買綢絹價錢已經「虧損人戶」。建炎三年（1129），以戰爭急需，將部分和買絹變做「折帛錢」徵收，「和買」已經變成特有的稅目。紹興三年（1133），洪州和買絹八分輸實物（正色），二分納錢（折色），每匹折三千省。第二年，江西安撫使胡世將奏請增加一分折色，每匹折價漲為六千省。戶部仍不滿意，要求改為每匹折價六千足[141]。這年九月，朝廷又下令從明年起，「將人戶每歲合納和預買綢絹，於五分中特減一分，以償本錢」。和買只是形式，實際為無償掠取，故而「以一分當本錢」，是使不付代價的「和買」有了合法的外衣。楊萬里上疏說：江西有的州以絹非土產，而奏請朝廷准許在別州市買，而原定的和買絹，說是為了應付淮南軍隊（故稱「淮衣絹」），都已沿例成為正租矣，「今又求鄰郡之絹，是三者之絹，與正租之絹為四倍而取之矣，民何以堪」。所以，「民所最病者與官為市也，始乎為市，終乎抑配」。

---

140 黃震：《黃氏日抄》，卷七五，《八月初一日以運司牒派和糴申省狀》。
141 《宋史》，卷一七五，《食貨上三》。省，即省陌，一般以七十七當一百；足，足陌，以一百當一百。民間行用，進出多寡又有不同。

綢絹折成現錢徵收，而折價比市場價高二倍以上，成了最無聊的強取豪奪。剛由袁州知州調為崇政殿說書的王大寶說：江南諸州有月樁錢，「又有折帛錢，方南渡兵興，物價翔貴，令下戶折納，務以優之；今市帛匹四千，而令輸六千」。[142]戰亂緩解了，折帛價未見減少，反而比市價增了二千。當時高宗命戶部對王大寶所奏之事進行核查。核查的結果，可能就是紹興十七年（1147）九月的一道詔令，此詔說：「折帛錢舊立價錢比今時價稍高」，自明年開始，兩浙綢絹每匹減作七貫文，綿每兩減作四百文；江南東、西綢絹每匹減作六貫文，綿每兩減作三百文。這樣減過之後是否就沒有「稍高」了呢？不是。乾道元年（1165）五月十二日右正言程叔達奏：

> 方今民間輸納稅賦，唯和買最為流弊之極。其始也官以錢鹽折支，其後既無錢鹽，但據歲額直科本色，又其後不用本色，乃以直科之數折納現錢。今一縑之值在市不過三數千，而折納之價乃至七千，又有所謂市例頭子錢、朱墨等錢，所費不一，其於和買之初意，豈不大相遼絕哉。……[143]

所謂的「和買」綢絹的事實是，市價三千而折價要七千，再

---

142 《宋史》，卷三八六，《王大寶傳》。

143 《宋會要輯稿》，食貨三八之二二。《宋史》卷三九三《林大中傳》記載，紹熙間他奏言：江浙四路民苦折帛和買重輸，「今又令納折帛錢，以兩縑折一縑之直」。

加上雜費，一匹超過二三匹，「和買最為流弊之極」，絕非正常的賦稅所能比較的。

此外，還有一些地方性的稅租。贛州、吉州兩地，農民既要交納田租，又要交麻租，淳熙七年（1180），江南西路轉運副使錢公，奏請減免兩州的麻租，「為糧二千四百五十九斛，為錢千有一百九十七萬九十有奇」[144]。

淳熙年間，彭龜年致信新任江西轉運使，期盼他能緩解江西的重負，所說一段話可以充作本節的小結。他說：「竊唯大江之西偏，實為今日之外府，月樁之輸殆七百萬，大半皆無名之徵。中興以來逾五十年，幾倍於昔者之賦。名為和買，而責以折納；既用差法，而復釀佣錢；茶有稅而又斂其租；酒盡榷而或誅其直；至詳經制之目，尚持除陌之籌。此皆公取之可稱，猶有旁緣而莫考」[145]。他希望這位長官能節制這只難盈的「漏卮」，以培植國家之根本。

## 二　州縣施政事蹟

南宋吏治素來受到詬病，江西的狀況同樣糟糕，「厥今風俗大壞，上下相師，恬不知怪，雖士大夫常衣儒衣，道古語者，皆甘心自置於廉恥之外，而無高人之意。由是天下日趨於靡敝，盜賊群起，民益困窮，瘡痍呻吟之聲未息，而貪殘之吏，誅求剝

---

144 朱熹：《晦庵集》，卷七九，《江西運司養濟院記》。
145 彭龜年：《止堂集》，卷十四，《賀江西尤漕啟》。

斂，海內愁怨，未有如今日之極者也」[146]。可是，我們在痛感總體敗壞的時候，卻又需看到局部的情況，吏治是因人而異，治績在於能因地制宜，因勢利導。贛州有人認為難治，有人說易治，關鍵是如何對待當地民風，「其民尚氣好義，以繳繞誣訕為恥，令為政豈弟，則相與心悅誠服，官府蕭然，至無一事。異時宦遊者，徒感其風聲之勁勇，而不思道之以善，又咈而激之，民是以病。必有循吏焉，然後知其治之果易也」[147]。難治、易治之分，在於長官是「循吏」，抑或是暴吏、貪吏、昏庸之吏。在官僚群體中，確有以道德自守，篤行仁義的儒學官員，由於他們的清廉節操，精明強幹的能力，任職期間因地制宜，秉公施治，興利除弊，百姓負擔在短時間內得到部分減輕。從這個方面說，江西社會的每前進一步，都與官員的精心施治分不開。現就史志中的記載，把江西地方官的一些政績簡介如下。

## 1. 興利除弊

隆興府：江西安撫使、隆興府知府劉珙（福建崇安人），孝宗初年至南昌，首先蠲除新增的稅額，罷去官倉使用的大斛。然而，所轄奉新縣仍舊要民眾交納高額租稅，「窮民不能輸，相率逃去，反失正稅」。劉珙上奏此情，免除了奉新的苛稅[148]。

乾道八年（1172）程大昌（徽州休寧人）自江東轉運副使改為江西轉運副使，遇江西農田歉收，他出錢十餘萬緡，代輸贛、

---

146 王庭珪：《盧溪文集》，卷二七，《與宣諭劉御史書》。
147 周必大：《文忠集》，卷二八，《靜暉堂記》。
148 《宋史》，卷三八六，《劉珙傳》。

吉、臨江、南安四州軍五等戶夏稅、折帛錢，幫助農民渡過災荒，阻遏了「飢民為盜之原」。又將吉州造船場遷至吉州治所，以便就近監督，「省費革弊，凡吉舊欠皆捐之」。程大昌發現：轉運使更換時前任積欠的賦稅款項，都要州縣繼續催繳，他上奏乞行蠲削。淳熙元年（1174）朝廷允准：凡乾道七年、八年諸路欠下的稅負、丁役及其他錢物，並予除免[149]。

淳熙十六年（1189）趙善俊（宗室）來任江西轉運副使，奏議減月樁錢，不能只減到州而不及縣，否則縣官仍將迫取於民，等於不減。又奏三事：和買已經是白科，又從而折變，益以靡費，其數反重於正絹；江州德化縣倚閣了逃戶的稅款，而總領所（駐軍衙署）仍督徵逃戶名下的折帛錢，請予蠲減；諸州點卒遇赦為民，卻無正當職業，反為民害，「宜聽其留，不則改刺鋪兵」。[150]他的這些建議，得到臣僚們的贊同。

寧宗慶元末年（1199），江西安撫使兼知隆興府沈作賓（浙江吳興人），建議強化贛西南治安，他認為「南安（今大庾）、南康、龍泉（今遂川）三縣，迫近溪峒」，三縣的令尉，以及溪峒附近的秀洲寨、北鄉寨、蓮塘寨、永新縣勝鄉砦之砦官，並宜「擇才辟置，量加賞格」[151]。寨官由當地豪宗大族擔任，借他們

---

149 周必大：《文忠集》，卷六二，《龍圖閣學士宣奉大夫贈特進程公神道碑》。
150 《文忠集》，卷六三，《中大夫秘閣修撰賜紫金魚袋趙君（善俊）神道》。
151 《宋史》，卷三九〇，《沈作賓傳》。

熟悉本地山谷地形和民情風俗的特長，加強對山區的防範控制，獎賞他們，就是把豪強勢力納入州縣系統，化解溪峒民眾的反抗活動。

嘉定年間，李燔（南康軍建昌人）為江西轉運司幹辦公事，看到沿江堤岸受江水衝擊逐漸潰壞，久雨輒潦，向江西安撫使、轉運使建議維修，減輕了水患，使農田皆為沃壤。轉運司以十四界會子發行不久，市價日見貶損，乃強制民戶按稅產多寡、物力高低，貯藏會子，不聽者黥面發配。李燔與國子學錄李誠之反對，燔又寫出書札爭論[152]。轉運使終於贊同李燔所說，取消原來的禁令，並向李燔道謝。

江州：處江防要害之區，軍事負擔重，農耕經常受影響。淳熙年間，德化縣（今九江縣）農民逃徙太半，田多荒蕪，州縣官乞蠲稅，不報。江西運判劉穎（衢州西安人）據實措置，「以見種之稅均於荒萊，民願耕者第減之，上供自若」，於是逃田盡復[153]。

江州百姓苦於和糴。寧宗嘉定初年（約 1208），趙崇憲（余干人）任知州，奏請「永蠲」江州和糴。轄下瑞昌縣積欠「茶引錢」十七萬餘緡，皆困不能償，死則由子孫承當，又碰上發行新券，「視舊價幾倍蓰」。崇憲「亟請以新券一償舊券二」。千餘家因此受益，民眾為他刻石立碑。他又率民修陂塘「凡數千所」，

152 《宋史》，卷四三〇《李燔傳》。
153 《宋史》，卷四〇四，《劉穎傳》。

擴大灌溉面積。[154]

饒州：紹興二十八年（1158），四川眉山人唐文若知饒州，興建州學，減去官府田租中的奇零加耗二萬石，又奏准每年拿出常平義倉存糧十分之三，供應市場，以便平抑糧價，農商獲利，而庫糧不致陳腐。同時，他嚴厲治盜，「餘干嘗有劇盜，巡尉不能制，文若遣牙兵捕而戮之」。[155]

淳熙間，溫州樂清人王十朋知饒州，以「不欺」為目標，體恤民隱，反覆告誡僚屬改正不善；農民交田賦，讓其自己概量，由於官府以誠相待，故欠稅者願意補繳。對待大官貴人，同樣待以理義和制度，原丞相洪适建築盤洲別墅，為擴充園圃範圍想要州學舊基，十朋拒絕：「先聖所居，十朋可敢予人」？面對如此的地方長官，鄱陽城鄉與湖面上的寇盜，「聞十朋至，一夕遁去」[156]。

撫州：宜黃縣在南宋初年受潰兵流寇破壞厲害，建炎四年（1130）宜黃「四境俶擾，潰卒相挺為變」。縣丞周執羔（弋陽人）對潰兵們講法令禍福，使斂手聽命。既而警告其頭領，捕斬首謀者。縣內得安，民眾感激執羔恩德，繪其像，立生祠以紀念。[157]

袁州：淳熙七年（1180），遂川人孫逢吉任萍鄉知縣，辦了

154 《宋史》，卷三九二，《趙汝愚傳附崇憲》。
155 《宋史》，卷三八八，《唐文若傳》。
156 《宋史》，卷三八七，《王十朋傳》。
157 《宋史》，卷三八八，《周執羔傳》。

六件事：（1）賑災備荒，使飢餓待哺者數萬人得到實惠，接著提倡生產自救，「又教民芟旱苗，養禾孫（即再生稻），是歲飢而不害」。還從備荒著想，把零星額外的收入積存起來，拿出四十萬買谷，創建社倉，以濟貧乏，民賴其利。（2）平實徵稅，不急不慢，達到定額之後，「稍蠲其餘還以予民」。（3）興辦義役，撥錢買田，收租作當差的費用。（4）酌減稅額，萍鄉「苗稅素重，為裁酌而損其額。又以餘力貸貧民之賦，為錢四百餘萬」。（5）修繕縣學，購買書籍，又去學堂講學，「督課諸生」，士風因而大振。（6）整頓驛站（詳後）[158]。

淳熙十一年（1184），林景溫（福建福清人）知萍鄉縣，朝命萍鄉發常平粟七千斛，由醴陵入湘江，供應襄陽駐軍，他爭議說：邑僅有小河流通醴陵，中間陂堰百餘所，是全縣民眾生計之本，又當亢旱，不能「奪粟毀堰」。袁州以其意見上奏，免去這次運輸。不久，又命和糴一四○○○碩，他再爭：萍鄉四面阻山，舟車不至，全縣百姓七萬口，自食其力，無糧可糴；即便有糧，也難於集中起來。最後命萍鄉所糴三千碩留縣。林景溫還就常平倉的問題說：「今州縣常平或數十年不啟鑰，豈復有粟哉。為法自弊，不宜膠執。請令州縣各上實數，歲豁一分為耗折，所積不許過三年，所豁至三分止。」常平使者陳貴誼，將其意見上奏，遂批准其建議，推行於諸路[159]。

158 樓鑰：《攻愧集》，卷九六，《寶謨閣待制獻簡孫公神道碑》。
159 劉克莊：《後村集》，卷三九，《朝請郎直煥章閣林公墓誌銘》。

吉州：永新縣尉范應鈴（豐城人），得知全縣十三鄉，因不時受寇賊騷擾，奏准緩徵其中八鄉民租二年，既而復催徵。他對安撫使說：「某非徒為八鄉貧民，乃深為州計耳！民貧迫之急，將以不肖之心應之，租不可得而禍未易弭也」。[160]遂答應免除下戶租稅。既出令，又催徵。應鈴嘆曰：「是使我重失信於民也。」他再力爭，最後得到解決，永新民十分感激。改知撫州崇仁縣。應鈴到任即罷去鄉吏之供需，校正賦役之欺敝。歲末，下令緩催債負，蠲免租稅，假釋囚犯，恤生瘞死，崇孝勸睦，並以文榜公佈。過往崇仁者皆嗟嘆佩服。

時值湘贛峒寇為亂，吉州八縣七被殘毀，朝命范應鈴知吉州。他首先練兵、備糧，然後去冗吏，核軍籍，汰老弱。永新縣禾山群盜嘯聚，數日間響應者以千數。他得悉寓官趙希邵有才略，命代知永新，並「調郡兵，結隅保，分道搗其巢穴」，擒殺為首者七人，使禾山全鄉平定。

六七年後，范應鈴任江西提舉常平。嚴厲清點戶口，削除了隱藏挾帶的三萬戶。遷軍器監兼尚左郎官。因鹽法屢變，商賈無利，致使「江右貧民終歲淡食，商與民俱困」，范應鈴提議行用入粟易鹽之法，使食鹽行銷好轉。

贛州：紹興元年（1131）春，高夔（合肥人）任知州，有飢民數百人乞討穀米，州縣將他們捕捉起來，誣以聚眾造反。高夔予以否定，把這些飢民放出來，供給口糧，要他們去修城牆，以

---

160 《宋史》，卷四一〇，《范應鈴傳》。

工代賑，藉以改善州治防禦能力。休暇日，高夔去州學講經義，並增加州學生員名額[161]。信豐知縣彭合（盧陵人），以勤政明敏治縣，「訟至立斷，皆得其情」；又嚴格保伍之法，明示賞罰，「行之以必，盜無所容，發亦輒得」。然後建縣學，選置弟子員，以勸導民眾，使風俗一變[162]。

婺源縣，寧宗嘉定後期，徽州知州袁甫（浙江寧波人）奏請蠲減婺源綢絹一七〇〇〇餘匹，茶租折帛錢一五〇〇〇餘貫，月椿錢六千餘貫。

在革除社會弊害之中，地方官們還關注賭博、賣假藥之事。他們教誡市井罔利之人：藥餌不可作偽，「藥餌一或作偽，小則不足逾疾，甚則必至於殺人，其為害豈不甚大哉」。至於賭博，實施嚴禁，與禁盜同等，認為「賭博不已，必至為盜」。有的官府張貼《禁賭博有理》榜文，說：「四民之所不收，百害之所必至，始而賭博，終而盜賊，始而嬉戲，終而鬥毆，始而和同，終而必爭，敗事喪家，皆由此始，故官司之所必禁也。」[163]

## 2. 懲治豪霸

各地皆有強橫惡霸，搶奪田地，欺壓小民，糾結貪吏，武斷地方，給百姓造成無數災難。不少公正嚴明的長吏，不畏權勢，依法判案，先後懲辦了一批作惡多端的豪霸。《名公書判清明集》

---

161 周必大：《文忠集》，卷六五，《淮西帥高君（夔）神道碑》。
162 汪應辰：《文定集》，卷二二，《戶部郎中總領彭公墓誌銘》。
163 《名公書判清明集》，卷十四，《禁賭博有理》。中華書局一九八七年版。

記載的饒州、信州幾樁案件，是懲治惡霸的突出例證。其他州縣的豪強也有魚肉鄉民，對抗官府，招致懲罰的事例。

吉州龍泉縣（今遂川）豪民王氏，在淳熙元年（1174）花錢買官爵，縣尉驗收他的田畝時，沒有滿足其慾望，他召集壯丁，對縣尉進行「狙擊，折足」。吉州衙門未能審結此案，上交到江南西路，安撫使汪大猷（浙江鄞縣人）和轉運、提刑等長官聯合具奏，才將他「決配嶺南」，龍泉縣百姓都感到痛快。[164]

撫州崇仁縣豪富艾大中，充當劫盜窩主，稱霸一方，殺人越貨，無所顧忌。他叫兩木匠到家，合大木為巨凳，「而中實以金銀數千兩，甫訖工，則殺匠以滅口」。紹興三十一年（1161）葉伯益為撫州知州，依法治艾大中之罪，籍沒其家產，命以牛車干其魚塘，在塘底「得人骨頭顱幾百數」。假若據此凶傑強獷之狀，艾大中之罪足以滅族[165]。

州縣胥吏中的惡劣者，也是豪霸，如饒州吏黃德，弋陽吏孫回、余信，鉛山吏程仁等十人，餘干典押陳閏，貴溪鄉司邵遠，玉山奸吏周仁等等。饒州黃德，多人控訴他「取乞贓枉」，被收禁後，獄官卻將他放出，「在市飲酒，未嘗坐獄」，監獄成了「獄官、推吏受贓縱囚之路」。弋陽孫回，與其弟橫行市井，自號「立地知縣」，捉人毆打，私押人入獄，棒打腿腳至一二百下；

---

164 周必大：《文忠集》，卷六七，《敷文閣學士宣奉大夫贈特進汪公神道碑》。

165 洪邁：《夷堅志》，甲志卷十，《艾大中公案》。

又收羅地痞，分布爪牙，競為苛虐。余信敲詐錢財，名目繁多，有無名錢、自寄錢、比程展限錢、保正每月常例錢等，「敲錘骨髓，怨聲徹天」。鉛山程仁等，人稱十虎，他們盤踞本縣，「以私意鍛鍊，希冀財物，抄估家業」，酷毒害民，極為囂張。理宗時，江東提點刑獄蔡抗感到，州縣凋瘵，民力已疲，「此曹不除，何以安百姓而培國脈」？遂將這些凶惡的貪吏逐個懲處，或刺配充軍五百里外，或決脊杖充軍，饒州「闔城民庶無不以手加額，呼天稱快」[166]。

樂平縣的監稅官王鼎之，是十分惡劣的豪霸。他「以貲入官」，故而不擇手段追回買官的投資老本。這個「天資狂怪」的人，被江東監司某官僚看重，「以為材者」，由是恣為暴橫，如催交稅款，將逃絕之稅，併入其他稅目之中，勒令人戶代輸；有送納稅錢稍微延遲，則於大雪之夕，剝其衣服當錢，監留不放，幾至凍死者；有連日追索「比較」，遭大杖七次，打得全身沒有一塊好皮膚者。他出行的時候，坐在轎內，必令市民起立，有倉猝不及，就被抓到稅務衙門廳堂吊打。樂平流傳一個說法：「寧逢三峽虎，不直王監務」。王鼎之的暴酷，比老虎更可怕[167]。最後是縣民反覆告狀，江東提刑真德秀堅持懲辦，經上報朝廷將其革除。

---

166 《名公書判清明集》，卷十一，《罪惡貫盈》、《違法害民》、《十虎害民》、《鉛山髒吏》。
167 真德秀：《西山文集》，卷十二，《申尚書省乞將樂平、大通監稅鐫罷》。

### 3. 經界法、義役法、社倉法的推行

經界法：指整頓耕地與田稅之中的混亂情況，藉以消除弊端。推行經界法，是南宋社會上的一件大事，因涉及官民各界利益，承辦官吏良莠不同，實施過程中優劣差異很大。

創行經界法者李椿年，字仲永，饒州浮梁人，紹興十二年（1142）任尚書左司員外郎，上奏經界不正有十害，侵耕失稅，爭訟日起，隱賦極多，公私俱困。高宗同意他的看法，於是，他提出《經界畫一》方案。辦法是：「令民以所有田各置坫基簿，圖田之形狀，及其畝目、四至，土地所宜，永為照應。即田不入簿者，雖有契據可執，並拘入官。諸縣各為坫基簿三，一留縣，一送漕，一送州。凡漕臣若守、令交承，悉以相付」[168]。

此法的基本內容是將民戶的土地畫出形狀，寫明面積、四至，適宜種什麼作物。其次，不畫此坫基簿的田，無條件沒收。第三，一式三份，縣、州、轉運司各一，作為官吏交接的內容。很明顯，這種土地登記冊，是徵賦派役的根本依據，涉及國家財政根基，所以受到重視。十三年六月，經界法頒行於各地。李椿年升為戶部侍郎，在平江置局，實行經界法。由於官吏舞弊，豪強欺詐，推行經界法之後依然有不均、不便等情弊。紹興二十年（1150）三月令監司改正「乖謬害民」之事。

當時信州遵令施行經界法，要求管下各縣按上中下三等定田稅，貴溪知縣葉顒（福建仙遊人），建議每等再分為三級，共計

---

168 李心傳：《建炎以來朝野雜記》，甲集卷五，《經界法》。

九等定稅，獲得知州贊同，並下令上饒、玉山、弋陽、鉛山、永豐（今廣豐）均以貴溪為榜樣進行[169]。另一任信州知州徐謂禮，奉行經界法卻是苛急殘暴，以脊杖比校催科，激起飢民嘯聚為亂。[170]

　　法久弊生，皆由官府自身不能堅守制度，到了光宗時期，「州縣砧基簿半不存，黠吏豪民又有走移之患」。從歷史眼光考察，社會的問題與制度的利弊，會重複出現，李椿年的經界法砧基簿，是最早的魚鱗圖冊制度，後來明代的魚鱗圖冊制度，也就是這些內容。

　　義役法：也稱作助役法。差役一直是宋代社會的嚴重問題，南宋開始採取「差募之法並用」，存在多種弊端，歸根結底是百姓負擔太重。差役中最沉重的是主管催賦稅。夏秋兩稅附加繁多，故而拖欠常有，官府實行以「物力高強、人丁眾多」的大保長、裡正充當，如果出現失陷或短少，他們有財力賠補。這些富強大戶怕擔風險，不願催稅，只願意管「盜賊煙火」，因這些事不常有。催稅改由戶長、甲頭，導致更多的中下戶破產。嘉定年間，崇仁陳元晉指出：

　　江西差役之弊，中產之家以戶長破家者相踵，蓋裡正號為大役而易，戶長號為小役而難。名大而實易，則以「盜賊煙火」之

169　《宋史》，卷三八四，《葉顒傳》。
170　《宋史》，卷四一一，《牟子才傳》。

事不常有；名小而實難，則以催科督迫之擾，頃刻不得免也。易者任之大家，難者任之中產，甚者狹鄉之中，有不贏百錢之稅而應充者，有不滿兩三年而再及者，其人丁少，則耕殖荒於奔命之勤；其氣勢輕，則追呼不能以令豪強之族。展限代輪，費用亡藝，比較笞棰怨嗟流聞。蓋執役既畢，其資產亦與之俱罄矣[171]。

以中等戶承當重役，不只是江西，而是普遍存在的大弊，於是有改制的呼聲，出現了「義役」。所謂「義役」，即以「義田」田租充應役的費用，實際上就是各家拿出一部分土地，以其收入作為服役之用；或依據土地多少，決定服役時間長短，出地多的服役短，少則長。推行經界法所編制的砧基簿，是土地占有實情的原始憑證，也就是民眾富裕程度的最重要依據，是攤派賦稅和差役的底冊。所以，在實施經界法的地方，也同時提倡「義役法」。

乾道、淳熙年間，浙江處州松陽縣民眾，實行各家「出田谷助役，戶輪充」。處州知州范成大把這種做法在處州推行。婺州金華縣鄉民自己按財產多寡排次序，「以次就役者幾二十年」。臨江軍新喻人謝諤，「素患差役不均，居鄉勸民買田充義役」，「諤裡居時，創義役法，編為一書，至是上之。詔行其法於諸路，民以為便」[172]。由此看來，義役法該是江南幾個地方同時出

---

171 陳元晉：《漁墅類稿》，卷一，《乞差甲首催科札子》。
172 《宋史》，卷三八九，《謝諤傳》。

現，而謝諤是最早的創始人之一。

　　饒州德興縣知縣李舜臣，在推行「義役」中注意結合本縣實際，確定按田多少定役的長短，多的役兩年，少的不過三月。又，自三等戶以上交田賦，皆定期自己送交，不由保正代辦。到達之時，「則隨手給鈔，即齎民一錢」，即付給一錢紙鈔，以極微小的獎賞，換來及時徵收賦稅的整體大效果，而民眾都以滯後為恥，「保正之趨役亦爭先而不辭也」[173]。

　　義役與差役的基本區別，在於派役的權力由官府、吏胥轉移到鄉紳手中，文天祥指出：當民眾互相爭執，不得不聽命於長官之時，其權在官。而官不能自定，由吏拿出檔冊說某宜差，吏得某利，則改曰宜某，此時權在吏。地方的田地「版籍一胥主之，高下其手，索於多寡之實，時則其權在於鄉胥」。文天祥介紹吉水縣永昌鄉的義役，由陳君與鄉民約曰：「爾役月日若干，爾未減若干，爾費若干，至若干以上助若干，一切唯公是據。處之者無愧辭，承之者無拒色，是役之權……在吾鄉里和氣間」[174]。這位鄉紳陳某主持公道，不欺壓小民，故鄉里「和氣」，反之「義役」不公正，必定生怨氣。

　　江南西路積極推廣「義役」的人，據朱熹說是郭份。郭份從吉水遷居新淦，在講學中論及時政，「以義役節目授其門人李伯

173 李心傳：《建炎以來朝野雜記》，甲集卷七，《處州義役‧德興義役》。
174 《文天祥全集》，卷九，《吉水縣永昌鄉義役序》，江西人民出版社一九八七年版。

賢，令推行之，自其鄉始。今江西諸郡義役，公（指郭份）實發之」[175]。「義役」有其積極的一面，而各家輪流充役，就存在「困貧民以資上戶」，「上戶安逸而下戶陪費」的弊病。

淳熙十一年（1184）正月，時任監察御史的謝諤說：江東西兩路州縣中，有的州縣民間便於義役，而胥吏日夕伺隙，尋思破壞義役的計謀；饒州德興縣、吉州吉水縣人戶赴台陳訴，其詞激切，確有可憫之情。德興縣民並且抬出本縣舊刊義役石碑，表示贊同原定製度，唯恐官司撓其成法。謝諤建議：義役、差役各從民便。朝廷議論之後，認為實行義役去處應聽從民便，官司不得干預；實行差役的所在，凡民間不能停息爭訟者，州縣需遵依條法，按物力等差，秉公差募[176]。

但是，「吏緣為奸」的痼疾不會輕易消失，鄉紳是否派役謀私，因人而異。劉克莊看到江東各地推行「義役」情況良好，引發的訴訟少，然而鄱陽縣相反，「唯此間義役之訟最多」。在鄱陽，「義役乃不義之役，而義（役）冊乃不義之冊，或六文產，或三文產，不免於差」[177]。像這樣的義役，則主持「義役」者，比吏胥還要惡劣。

到了南宋晚期，江西的「義役」弊害愈加深重。咸淳八年（1272），黃震分析江西差役現狀，吉水鄭知縣能因地制宜，既

---

175 朱熹：《晦庵集》，卷九二，《岳州史君郭公墓誌銘》。
176 《宋史全文》，卷二七上。
177 劉克莊：《後村先生大全集》，卷一九二，《鄱陽縣申差甲首事》。

排結義役，又排差役，各有條理，其他的州縣「義役」，被物力高強的豪富控制，存在三大弊害：一是豪富主持派役，只役使別人，「自家戶產陰已免役」；二是中戶以下者不熟悉縣衙官場門道，遇上主役的豪富從中「打話賣弄」，充役之家便將「一舉遂空，主役之家，兼併得便」；三是中戶以下盡入義役，甚至只有一二畝田，或無田只有屋基、墳地者皆需承擔大小保長之役，「一次輪充，其家遂索，而貧苦益眾」[178]。總而言之，義役、差役，都是民眾的禍害，終南宋一代沒有得到妥善解決。

社倉法：社倉法與經界法、義役法大致同時推行，三者有內在聯繫，政府旨在穩定賦役徵派，而從政策本身考慮，也含有鄉民互助，公平負擔的社會保障性質。

社倉法是朱熹等人於乾道四年（1168）在福建崇安縣（今武夷山市）開耀鄉首創，規定貧民春夏不接時向社倉借谷，冬天加息二分償還；小災之年息谷減半，大災全免。淳熙八年（1181）詔各地推行此法。由於州縣官吏賢否不同，實行的情況迥異。朱熹後來說，「吏惰不恭，不能奉承以布於下，是以至今幾二十年，而江浙近郡田野之民，猶有不與知者，其能慕而從者，僅可以一二數也」[179]。這項社會公益建設，既是地方政府的施政措施，也可能是某位鄉紳的仁義行為。崇安縣社倉，開始的二十幾年很好，後來被豪強破壞，「主其事者多非其人，故有鄉里大家

---

178 黃震：《黃氏日抄》，卷七九，《江西提舉司・義役差役榜》。
179 朱熹：《晦庵集》，卷八十，《建昌軍南城縣吳氏社倉記》。

詭立名字，貸而不輸，有至數十百石者。然細民之貸者則毫髮不敢有負。去冬少歉，使趙公行部，豪猾詭名之徒所逋甚多，恐無以償，遂鼓率陳詞，乞權免催，趙公遂從其請，而細民善良者亦觀望而不輸矣。所在社倉，索然一空」[180]。

江西著名的社倉有：

臨江軍清江縣（今樟樹市）社倉，官府在實施中制訂了四條規約：

一、所給借貴均平，亦慮失陷米本。其支借時，鄉官審問社首及甲內人，某人可借若干，眾以為可，方可支借。其素號游手，及雖農業而眾以為懶惰頑慢者，亦不支貸。

二、鄉官踏逐善書寫百姓一人（不得用罷任過犯人），專充書寫簿書，如收支、執概，就差社首。遇收支日，日支飯米一斗。一倉中事務並委鄉官掌管，但差使保正編排人戶。驅磨簿歷，彈壓斂散，踏逐倉廒，追斷逋負之類，須官司行遣，於縣官內擇一時可委之人，以司其事。

三、鄉官從本軍給帖及木朱記，主執行遣。

四、籍歷紙札，每歲於息內支破。[181]

清江的這些規約，更偏重於鄉民群眾的監督作用，實用性、

180 黃幹：《勉齋集》，卷十八，《建寧社倉利病》。
181 董煟：《救荒活民書》，拾遺，《清江縣社倉規約》。

操作性更強。董煟輯錄這篇規約，所加按語是：「社倉規約雖不同，使天下郡邑皆能欽此意以行之，雖有水旱，民不睏乏矣」。

　　南城吳氏所建的社倉，受到士大夫讚揚。孝宗頒行社倉時，南城士紳包揚，將公文拿給學生吳伸、吳倫兄弟看，他們受到感召，開始籌備，磋商很久，於紹熙五年（1194）開倉散谷。他們以自家「私谷四千斛」為本，仿照朱熹在崇安的做法，再加以「詳密」之後放貸，取得了良好效果，「鄉之隱民有所仰食，無復死徙變亂之虞」。吳氏的社倉和他們的住宅建在一起，是一個大建築群，「蒞事有堂，燕息有齋，前引兩廊對列六庾，外為重門以嚴出內（納）」。吳氏兄弟建社倉的旨意是：

　　是倉之立，君師之教，祖考之澤，而鄉鄰之助也，吾何力之有哉。且今雖幸及於有成，而吾子孫之賢否不可知，異時脫有不能如今日之志，以失信於鄉人者，則願一二父兄為我教之。教之一再而不能從則已，非復吾子孫矣。盍亦相與言之有司，請正其罪，庶其懼而有改，其亦可也。

　　朱熹在慶元二年（1196）正月寫《吳氏社倉記》，正在衰病中，「力不能文」，然而嘉許其意，朱熹的用意是「既以警夫吳氏之子孫，使其數世之後，猶有以知其前人之意如此，而不忍壞；抑使世之力能為而不肯為者，有所羞愧，勉慕而興起焉」。[182]

182 朱熹：《晦庵集》，卷八十，《建昌軍南城縣吳氏社倉記》。

萍鄉縣建了九座社倉，縣西的社倉是鄉紳胡叔器創建，其中一間大廳取名「絜矩堂」，表示其建倉的本意。黃幹解釋說：「絜，度也；矩，所以為方也。處已接物，度之而無有餘不足，方之謂也。富者連阡陌而餘粱肉，貧者無置錐而厭糟糠，非方也。社倉之創，輟此之有餘，濟彼之不足，絜矩之方也[183]。」舉辦社倉，發揮扶貧、賑災的作用，正是富家大戶的義舉，比之兼併小民，殘害地方的豪霸，不可同日而語，值得提倡。

南城、萍鄉的社倉當時的實效比較明顯，社會聲譽較好。寧宗後期，真德秀在湖南潭州推行建社倉，以南城、萍鄉社倉作為好的事例宣傳，他在奏請公文中說：「凡今有倉之地如建昌南城、袁州萍鄉等處，推行有法，人蒙實惠」。[184]

南昌、新建二縣的社倉，紹熙初年隆興府通判豐有俊（浙江寧波人）創設，安置在佛寺、道觀之中。他從官庫中拿出「錢千萬」，委託寓居南昌的連江知縣陶武泉、幕友新建裘萬頃二人，挑選一批可靠之士分頭購買米糧，以待來歲之用。負責漕糧的胡某對豐有俊的決策很讚賞，並「運米二千斛助成茲事」。這批糧食，貯存於佛寺、道觀，共計十一處。使用的規則是，「價貴亟下其估，與民為市；賤復糴之，如環斯循，為吾民便」。袁燮評論說：「天下之最不便於民者二，敢於為　有黠吏焉，巧於漁利有豪民焉。今置是倉也，委之士類，公其出納，則黠吏莫措其

183 黃幹：《勉齋集》，卷十九，《袁州萍鄉縣西社倉絜矩堂記》。
184 真德秀：《西山文集》，卷十，《奏置十二縣社倉狀》。

奸；歲有不登，米無甚貴，則豪民不閉之糶。增益之俾加厚，維持之俾可久，及其進於此也，不唯減價而糶，而直以糶價糶之，純於為民，無利心焉，可不謂仁政乎」[185]。豐有俊、袁燮都是陸九淵學術思想的傳承者，他們設置社倉的動機，以及對社倉的期望與評價，是出於踐行仁政的儒學理想，值得肯定和表彰。然而殘酷的現實，不久就否定了他們的良好願望。黠吏與豪民牢固糾結一起，蠹蝕社倉，漁利小民，包括朱熹始建的社倉在內，都遭到豪右貪賄者破壞，先後維持不下去了。

撫州金溪縣陸坊興辦了社倉與常平倉（亦稱平糶倉），豐熟之歲糶進，使無價賤傷農之患。歉收時糶出，催制豪富閉倉漲價。所糶之糧分作兩份，存其一為社倉，以備荒歉，實際是長年積存。兩倉之糧逐年更換糶出，「可與社倉俱廣為無窮之利」[186]。陸九淵分析說，農民皆貧，當收穫時多般不能藏糧，極需糶糧得錢以給他用，以還債負，如果不糶買其糧，必至價賤，而米糧流瀉商船或者豪富之倉，來年就將重困。所以要同時興辦社倉和平糶倉。

宜黃縣曹堯咨社倉，是他繼承父親志願，仿照南城吳氏兄弟社倉經驗而建的。他在自家村莊上建倉六座，「計所有之田，歲收畝六升以入之，遇年飢則發以糶。量必寬，價必平。於是一方之人，賴以全活者甚眾」。主動挑起災年賑濟的重擔，把政府責

185 袁燮：《絜齋集》，卷十，《洪都社倉記》。
186 《象山全集》，卷八，《與陳教授》。

任化為私人義舉，雖然因其財力雄厚，卻是憑其仁慈之心行事。需要低價糶賣，當時圖謀長久實施。曹家因此贏得全社會的尊敬。紹定二年（1229）冬，鄰縣盜發，宜黃人亦有附從者，全縣數鄉遭受攻掠，焚燒殺戮，無人倖免，到了曹家，「獨曰：是家能平糶以惠鄉里，相戒使勿犯。及亂定，君家廬舍邸墅皆全」[187]。人心向背，乃判別是非的公正標尺。

臨川縣的情況則是另一極端，社倉把持在大財主饒縣尉手上，成了他發橫財的資本，「豐年樂歲多取貸息，及今荒年，算計目今米貴，將來得息而或價傾，恐反失利，遂一粒不貸，唯深其扃鋪，以待客販。以此民怨入骨，哀訴滿庭。某謂社倉正為荒年設也，今乃豐年民不願貸，反抑貸以取其息，荒年民正仰貸，忍負賴以視其死，此於救荒，關係最大」[188]。

紹定年間，建昌李燔為江西轉運司幹辦公事，「念社倉之置僅貸有出之家，而力出之農不得沾惠，遂倡議裒穀創社倉，以貸佃人[189]。針對社倉借貸措施的缺陷，作出如實的補救，把借貸濟貧，解救青黃不接糧荒的實惠，落實到無田的佃農身上，極是罕見。這項對社倉法改革創新的建議，是否成為事實，不知下文。

### 4. 社會救濟

宋朝對社會救濟，有一般性的政策規定，北宋徽宗崇寧年間

---

187 真德秀：《西山文集》，卷三六，《跋曹唐弼通濟倉記》。
188 黃震：《黃氏日抄》，卷七五，《乞照應本州已監勒饒縣尉貸社倉申省狀》。
189 《宋史》，卷四三〇，《李燔傳》。

定制，地方設立安濟坊（救濟貧窮疾病者）、漏澤園（安葬流浪死亡者），皆領屬於提舉常平使者。但是，這些不是固定的行政制度，非官員必須完成的職責，全然隨個人意願而行，故實際做的很少，能夠堅持長久的更少。南宋以後，擔任常平使者並非都能盡到職責，朱熹曾經任浙東提舉常平，以自己未能注意此事而內疚。然而，也有做得好的，江南西路養濟院、建昌軍藥局的創設，即是突出事例。

江南西路轉運司養濟院，在隆興府城東崇和門內，是孝宗時期江西轉運副使錢某等多人接力設置的。南昌是江西的大都會，平時顯得興隆，民眾足以相生養，若一旦有疾疫災荒，則鰥寡孤獨無所歸者，求藥無有，求食不得，「轉死於溝壑者，歲不知幾何人，而有司者莫之知也」。乾道九年（1173）至淳熙七年（1180）之間，先後有轉運副使芮某、錢某、轉運判官趙汝愚捐錢買田，設立養濟院，「三公所捐，皆四方之聘幣，不以入於家者」，合計為錢三七〇萬，所買三所田莊為一一一一畝，歲入租谷九八二斛有奇。開始時，芮公留私錢一百萬，委託繼任者做生意或放貸，收其贏利買藥物給病者。五年（1178），趙汝愚復以私錢一四〇萬，買田於東關羅舍，使疾病者又得以飯食。錢公再加上自己捐的一三〇萬，買長定的一塊田，又在延慶、崇和兩門之外創建養濟院，使病者有了居室。此院開為門五間，廳堂三間，東邊廚房，西邊廁所，兩排各建五間大房，每間寬二十四尺，長五十六尺半，中設巨榻十八張。「冬加障蔽以御風寒，暑則撤之以洩煩鬱」。在養濟院中，有專人診病，自設的藥房供藥，重病不痊癒者則給棺木安葬。養濟院管事者「皆賦以祿，俾

供厥事。又專屬僚吏以時行視，而課督之」。另外，還有「戒令糾禁」，公布在堂上。

芮、錢、趙三人之後，繼任的轉運判官丘某、尤袤接著關注此事，認為養濟院設在城門外，不便於病者診病醫藥，乃物色到城內的一處佛寺廢址而遷建，規模又有擴大，「凡增屋十有八間，並得故僧田六頃，又市鐘陵、灌城兩墅之田七十畝，歲收谷三百餘斛，錢五萬有奇以充入之」。經過前後五位官員努力，使當地「病而無歸者多賴以全活，不幸死者亦瞑目而無所憾焉」。

淳熙十年（1183）三月，朱熹受人之請，寫文記其事，不僅愧而「自訟」，特為指出：「而五君子者，乃能汲汲乎其職之所不必為，至出義錢以輯成之……其制愈修而愈密，其惠益增益厚」。這不僅是此五人「學道愛人之效」，而且足以警醒為常平使者盡其職責把該辦的事興辦起來，在江西為官者應知道他們費心十年，「成此者之不易而不敢壞也」[190]。

寧宗嘉定年間（1208-1224）趙汝愚之子崇憲為江西轉運判官，兼權隆興府及帥漕司事，見養濟院經費「歲久，浸移為他用」，遂大力整頓恢復，「立規約數十條，以愈疾之多寡為賞罰。棄兒於道者，亦收鞠之」。[191]

江西養濟院的創辦，其經費、制度、設施可算是完善，是芮、錢、趙、丘、尤五人的德政，卻不能列入轉運司的職責之內，由「其職之所不必為」變為「職之所必為」，更不能從官司

190 朱熹：《晦庵集》，卷七九，《江西運司養濟院記》。
191 《宋史》，卷三九二，《趙汝愚傳附崇憲》。

經費中開支，相反，有限的錢被「移為他用」。如此個人的善舉，想要長期維持，實難。

建昌軍藥局的設置，也是值得提倡的仁政。凡人都免不了生病，診病求藥卻不是人人都能順利辦到，建昌知軍豐有俊為解決貧病者的困難，特出力設置官藥局。豐有俊為官以廉直自律，果於為善，以其祖父豐稷做榜樣，要求自己也能為民興利除弊。他在通判洪州時，遇大災，爆發疾疫，曾帶著醫生四處巡查，「周遍於委巷窮閭之間，察其致病之源，授以當用之藥，藥又甚精，全活者眾，郡人甚德之」。寧宗嘉定初年（約 1208），豐有俊知建昌軍，關注民瘼，創設了藥局。他「捐錢三百萬，創兩區，萃良藥，唯真是求，不計其直。善士屍之，一遵方書。不參己意，具而後為，闕一則止。愈疾之效立見，人競趨之，而不取贏焉」。這個「藥局」是診病、施藥合二為一的。它不追求贏利，只為能治癒疾病，因而藥求其良、求其真；由善良的醫生主持，施藥必遵方書，缺一味藥都不行。這所藥局無異建昌軍的官辦醫院，但是實在只是豐有俊個人之舉！他需要世人明白其用心，不是以權謀私，故請提舉江西常平、權知隆興府袁燮著文，闡述其「設局不規利」的旨意。袁燮說：「視民如子，牧守職也，子疾父母療之，真情之發，自不容己，豈曰利之云乎哉」。既如此，何不直接給藥？不行。考慮到「有限而難繼」，為了要相續而不枯竭，於是賣藥，而「藥物既良，不責其息」，亦不違背視民如子的古訓。所以，他的藥局，不僅是為了你身體之健康，而且還為了「康爾心」，純潔你的思想。為什麼是如此？因為人的良善天賦，「戕於物慾」，只知追求財利，而他以藥局「救民」，是

「善教而藥之，所以康爾心也。身與心俱康，此所謂國其療者耶！若夫計較纖悉，急於謀利，藥不及精，與市肆所鬻無別，雖歲時民病，且莫能療，又豈能康爾心耶。君子是以知侯之為賢也」**192**。如果藥局的「藥不及精，與市肆所鬻無別」，將使民眾之心受到創傷，這是更危重的病！

豐有俊設藥局不為利，袁燮論使身、心具康是對國家的治療，在南宋是難能可貴的，移至今天依然不會過時，仍有其積極的借鑑效益。


## 第六節 ▶ 水旱災荒與賑濟

### 一 水旱災荒頻發

南宋時期江西地區的水旱災害比較頻繁，全局性的大災年不少。依據省府縣三級地方誌書的記載，從紹興二年（1132）至德祐元年（1275）的一四四年中，有八十八個年份記下了大小水、旱等災害。如果以一年中的災害為一次，那就是平均約一點六三年發生一次。按所記災情事狀分類，屬於大範圍的大災、特大災年二十二次，平均約六點五四年一次。在這二十二次大災中，特別大的有四次：紹興四年、乾道八年、紹熙四年、嘉泰四年；按

---

192 袁燮：《絜齋集》，卷十，《建昌軍藥局記》。豐稷，歷仕北宋神、哲、徽三朝，三任言官，直言時弊，不避權貴，建炎時賜諡「清敏」。

災害種類分，水災九次、旱災六次、水旱饑荒多災並發七次，總體上表現為水災居多。具體分布年份如下表：

・表4-1 大水、旱、蟲災年表

| 大水（9） | 大旱（6） | 大水旱蟲饑（7） |
|---|---|---|
| 紹興四年（1134） | 淳熙七年（1180） | 乾道四年（1168） |
| 紹興廿七年（1157） | 淳熙八年（1181） | 乾道七年（1171） |
| 乾道三年（1167） | 淳熙九年（1182） | 乾道八年（1172） |
| 乾道六年（1170） | 淳熙十一年（1184） | 乾道九年（1173） |
| 淳熙十年（1183） | 淳熙十四年（1187） | 淳熙元年（1174） |
| 淳熙十五年（1188） | 嘉定十四年（1221） | 淳熙五年（1178） |
| 紹熙四年（1193） | | 嘉泰四年（1204） |
| 紹熙五年（1194） | | |
| 慶元六年（1200） | | |

　　時間上看，孝宗乾道、淳熙年間是災害多發期，不僅次數多，幾乎年年有災，而且災情嚴重，大災、特大災害年份多。從乾道二年（1166）開始，至淳熙十六年（1189）的二十四年中，災害年二十三年，只有淳熙六年空缺。其中的乾道三、四、六、七、八、九年，淳熙元、五、七、八、九、十、十一、十四、十五年共計十五個年份連歲水旱，災情嚴重，占大災、特大災總數的百分之六十八點二。[193] 幾次大範圍的災年情況是：

193 本節關於災害的綜合分析，所依據的原始資料，是江西省氣象局資

紹興四年（1134）——自夏至秋，「江西九州三十七縣皆水」[194]。洪州：大水；南昌、新建大水；八月，南昌圮民廬一二七〇餘家。江州：德化、武寧、分寧水。饒州：鄱陽水。南康軍：都昌水。撫州：臨川、金溪自夏至秋大水。袁州：宜春、萬載自夏至秋皆水。筠州：高安自夏及秋，大水害稼。吉州：自夏及秋江水漂沒民舍。虔州：興國、於都大水。南安軍：大庾自夏及秋水。信州：旱；弋陽自夏及秋水。

乾道四年（1168）——隆興府：南昌旱，武寧、分寧先旱後水，七月大雨，「龍斗於縣西北，大雨，俄頃迅雷起……自是連年水」。饒州：鄱陽、餘干大水。信州：上饒、貴溪、永豐（今廣豐）、鉛山，五月大水，圮民居，壞田圩，七月又水。

乾道六年（1170）——江西諸郡大水、旱。饒州：「春旱，至冬不雨，大飢。至七年，人食草實，多流徙，遺骸滿道。」鄱陽，春夏至冬不雨，大飢。樂平，五月大水。信州：「春旱，至冬不雨，人食草實。」弋陽，五月大水。臨江軍：大水。新淦，五月大雨，「河水暴出，漂民廬，壞城郭，潰田害稼」。

乾道七年（1171）——吉州、饒州、信州五月大水，「圮民居，壞田圩」。隆興府、江州、南康軍、筠州、臨江軍旱。南

---

料室編《江西省氣候資料》上冊。所謂「大災」，指「洪州及各郡大水」、「江西諸郡水」、「諸郡大旱」等；「特大災」指「自夏及秋江西九州三十七縣皆水」等。

194 光緒《江西通志》，災異。以下涉及全省性的災情資料，均出自光緒《江西通志》，不再出注。

昌、新建、奉新、武寧、分寧、高安、新淦大旱，「自春及秋，首種不入，冬不雨，人食草實，流徙淮甸」。撫州，大飢，民皆流徙。信州弋陽，五月水。饒州鄱陽，五月水，「沙塞四百餘畝」。樂平旱，飢。

乾道八年（1172）——「江西飢，民大疫」，隆興府、江州、筠州、饒州、南康軍、臨江軍「首種不入，冬不雨。秋，江州、筠州、隆興府飢，人食草實，流徙淮甸」。南昌、新建「飢民仰給者二萬八千餘人」。撫州，大旱，禾、麥無收。對這次大旱的災情，周必大說：「臨江（軍）而上晚禾極枯，贛、吉尤甚。下戶故可慮，富家亦少積蓄。人且狼狽，其將奈何！」又說：「秋旱，井泉皆竭，近江汲江，深村活（？）水於十數里外，麥種不入土，來春夏未艾也」；在嚴重災情降臨之時，還有官僚「以歉為豐，不過迎合覓官職」。[195]

這一年同時發生水災。五月，隆興府、吉州、筠州、臨江軍皆「大雨，水漂民廬，壞城郭，潰田害稼」[196]。贛州、南安軍，山水暴出，大庾縣出現大疫。

乾道九年（1173）——五月，贛州、南安軍山水暴出，隆興府、吉州、筠州、臨江軍大雨，水漂民廬，壞城郭，潰田害稼。南昌、新建五月大水，漂民居，壞圩，漂田，「又鼠千萬為群，害稼，甚於蝗螟」。鄱陽、浮梁大水，漂民居，壞圩，淹田。弋

195 周必大：《文忠集》，卷一九〇，《劉文潛司業焞》。
196 《宋史》，卷六一，《五行志》。

陽五月大水，圮民田舍。玉山七月大旱。臨江軍，新淦，久旱，無麥苗，秋，螟起。贛州、南安軍大庾、南康，久旱，無麥苗，秋螟起。水、旱、螟、鼠諸害延續至淳熙元年（1174），南昌「賑以常平義廩六十二萬斛」。

淳熙七年（1180）——隆興府、江州、南康軍、信州、饒州、撫州、吉州大旱。鄱陽從正月至十一月不雨，「民大飢，流入淮南萬餘人」。五月，筠州、袁州、建昌軍大水，南城龜湖橋圮，高安淹沒田廬。大旱災繼續至八年、九年，不見減輕，饒州飢民「流入淮郡者萬餘人」。

淳熙十年（1183）——吉州、信州大水，袁州宜春、萬載大旱。龍泉（今遂川）八月大水，「文廟覆圮，壞民舍，草木、人物多溺死」。十一年繼續大旱，遍及吉州、贛州、建昌軍等地。十二、十三年信州、贛州、撫州仍然旱，臨川「飢莩遍野」。

淳熙十四年（1187）——大旱。五月，隆興府、饒州、江州、吉州、撫州、筠州、袁州、臨江軍、建昌軍皆旱。武寧、分寧大水。第二年，隆興府、饒州、撫州、袁州、臨江軍大水，奉新水災尤甚，「淹沒八百餘家」。

紹熙四年（1193）——大水災。四月，上高縣水浸二百餘家。五月，奉新縣大雷雨，水漂沒八百二十餘家；進賢縣水圮百二十餘家。六月，靖安縣水漂三百二十餘家。七月，新淦縣漂浸二千三百餘家。八月，隆興府「水圮千二百七十餘家」；吉州漂沒民廬及泰和官舍，龍泉江水漂沒民居。自夏及秋，「江西九州三十七縣皆水」。

慶元六年（1200）——「饒、信及江西郡國皆大水，自五月

庚午至甲戌（共五天），流民廬，害稼」。記錄了這次大水的州縣有信州、饒州、撫州、袁州、吉州、南安軍；都昌、安仁（今余江）、弋陽、鄱陽、餘干、婺源、臨川、金溪、崇仁、宜春、萬載、萍鄉、龍泉（今遂川）、安福。六月，吉州、安福「大雹如雞卵」。

嘉泰四年（1204）——大饑荒，「春，撫、袁、隆興、臨江大飢，殍死者不可勝瘞，有舉家二十七人同赴水死者」。南昌、撫州、袁州、臨江四府志均記著「殍死者不可勝瘞」。

《宋史・五行志》中，嘉泰四年以後還記錄了多次水災：

嘉定八年（1215），江東西飢，「都昌縣為盜者三十六黨」。嘉定九年（1216）五月，信州、饒州大水，漂田廬害稼。

嘉定十七年（1224）五月，建昌軍大水，「城不沒者三板，漂民廬，圮官舍、城郭、橋樑，害稼」。

寶祐元年（1253）七月，信州、饒州大水。

咸淳四年（1268）春夏以來，撫州、建昌軍積雨霖淫，溪澗漲溢。四月乙巳建昌軍四縣大水，五月壬戌又水，拔屋宇，沖田疇。南豐縣災變尤甚，「平原出水，東西彌望，莽為沙邱，牛畜種植，多沒巨浸，廩儲濕腐，告糴孔艱」[197]。

---

197 劉壎：《水雲村稿》，卷十四，《代申省乞蠲租免糴狀》。

## 二 官府對災荒的賑濟

### 1. 賑濟災民的實例

農民大眾在天災來臨之時，無力抗爭，絕大多數貧弱者被迫吃樹皮草根，甚至以「觀音土」充飢，或者流亡乞討，餓斃荒野。而極少數強悍者則可能搶劫官府或富室，以暴力自救。素稱魚米之鄉的饒州，在乾道七年（1171）、紹熙四年（1193）大旱帶來大飢，大批農民「餓贏者」成群去野外挖蕨根，「村民無食，爭往取其根」。此種蕨類植物，「田野間無不出者。或不遠數十里，多至數千人」[198]。數千人爭挖蕨根，何等嚴重饑荒！當此之際，「民之不肯就死亡者，必起而為盜，以延旦夕之命」。他們將目光轉向官紳豪富，進行劫掠。「乾道間，饒郡大飢，諸處嘯聚，開廩劫奪者紛然」。淳熙十五年（1188），德興饑荒，「民有剽掠道路者」。紹熙四年（1193），樂平飢，「村民攜錢市米，山路遇亡命縛而取之」。對飢民「起而為盜」的現象，官府十分警覺，生怕由嘯聚而造反，都採取鎮壓措施。其間，德興縣令曾柔的做法很獨特，他抓到兩個剽掠者，「鎖項號令於地頭，日給米一升，俟來年麥熟日放」[199]。

正是從維護統治大局考慮，南宋政府，凡遇災情嚴重時，會下達賑濟的命令，當地官員會不同程度的實施賑濟。地方豪紳富室也有仁義之家，量己財力而救濟災民。經驗告訴人們，賑濟飢

---

198 洪邁：《容齋隨筆》，三筆卷六，《蕨其養人》。
199 董煟：《救荒活民書》，卷中。

民「不獨為貧民求飽，亦正是為富室求安」。實施賑濟，是災荒期間社會生活的一部分內容，反映了官府與災民、富人與窮人相互維持的一個側面。

紹興十八年（1148），南康軍都昌縣大災，農田歉收，谷斗直三百，農民飢困，疲於奔命。曹彥約祖父曹雙桂主動開倉放糧，將積存的米穀降價出賣，「下其直之半，與斯人共之」。他每隔五天開倉一次，來買的飢民擁擠得如堵牆。為了讓飢民都能買到一些，於是「設規制，審次序」，並率領眾子弟和僕人到場維持，對後面等得太久的人，又提供食物。因此，周圍「百里之內」的飢民都得到飯吃。數十年後，拄著柺杖的白髮老人還指著曹家大屋，談論此事。

紹興末年，江西連年大旱，轉運判官兼知隆興府龔茂良（福建莆田人），主持江西一路的救荒賑災。他力諭州縣免除陳年欠稅，但要求上等戶交納欠款，同時打開官倉，賑濟飢民。饑荒剛剛解除，又疫癘流行，龔茂良「命醫治療，全活數百萬」[200]。

乾道五年（1169）四月，賑恤衢、婺、饒、信四州流民。十月，命饒、信二州歲各留上供米三萬石，以備賑糶。

乾道七年（1171）九月，以江西、湖南旱，命募飢民為兵。饒州大饑荒，措畫的賑濟米有：本州義倉八萬餘石，又撥附近州縣義倉五萬石，並截留在州樁管上供米三萬石，及獻助米二千石。知州王秬立賞格，勸諭上戶出米，措置賑糶。寓居鄱陽的貴

---

200 《宋史》，卷三八五，《龔茂良傳》。

溪人張運（1097-1172？），率先開倉，拿出存糧二千石，以供賑濟，其他富室跟著傚傚，出糧救災。

乾道七年，江西籌措的賑濟糧為：「本州義倉米四千餘石，截留上供米六千五百餘石，勸誘到上戶認糶米二萬八千六百餘石，截留贛州起到一萬石，賑糶本錢四萬餘貫，作本收糶米斛。又撥本路常平米十萬石，吉、筠等州見起赴建康府米八萬餘石，椿管米六萬七千餘石」。[201]主持賑濟的孫逢辰精心措置，將下戶、商販、技術與無以自營者逐一登記造冊，分為三等，計戶口給歷，十戶一甲，甲給一牌，五日輪一戶，官給錢，持牌去官設的糧場買米；周而復始。又置贍養院，安置老弱孤獨，官府供給錢米。城郭四周由邑佐負責，鄉村擇土官管理。凡用本縣米八百餘石，向別郡取撥亦八百石。又勸上戶平價賣米，以補不及。整個救災自正月開始，至六月為止，持續了半年，「訖無流殍」[202]。

淳熙四年（1177），江西大飢，辛棄疾差知隆興府兼江西安撫使，專責荒政。他在交通要道張貼八個大字：「閉糶者配，強糶者斬」。然後下令盡量拿出公家官錢、銀器，在官吏、儒生、商賈、市民中招募殷實富有者，「量借錢物」，不要他們付息，但需各自去販買米穀，限一個月內運「至城下發糶。於是連檣而

---

201 董煟：《救荒活民書》，捲上。
202 周必大：《文忠集》，卷七四，《朝奉郎袁州孫使君墓誌銘（嘉泰二年）》。

至，其直自減，民賴以濟。」江東路的信州也饑荒嚴重，知州謝源明來江西路乞米救助，江西路幕屬不願意，辛棄疾曰：「均為赤子，皆王民也。」即撥十分之三的米給信州。[203]

淳熙十五年（1188）正月，批准江西運判宋若水奏請，暫停徵收江州、興國軍（今屬湖北）第四等、五等人戶淳熙十二年、十三年以前拖欠苗稅，並第五等淳熙十四年見欠夏稅錢帛，並將江州、興國軍、隆興府、吉、贛州、臨江、建昌、南安軍、撫州安樂縣未解轉運司十一年、十二年錢，共四萬六千七百一十餘貫，米三千六百餘石留下，不上解。[204]

淳熙末年江西大災，新喻縣令李景和在籌備賑濟時，以工代賑，募飢民建浮橋，獲得了「官有不賑之賑，則玭受不惠之惠」的效益，飢民渡過饑荒，消除了過往秀江之苦。

孝宗時，婺源江介為進賢令，時值天旱民飢，他想：待到任之後再實施賑濟，就來不及了，遂亟移文勸告縣民「廣殖牟麥」。他到任後，富民舒氏主動出糶谷萬餘斛，且以所得緡錢輸官，冀得獎賞。江介勸安撫使龔茂良給賞，不待批准已先通知舒氏出谷，及早賑濟飢民。他將飢民中特別困難者收養療治，賴以全活者甚眾。朝廷下詔蠲免一半田租，他對轉運使程大昌說：平常輸租，雖合勺之奇零，亦必使交納整數，今若但減其半，則輸

---

203 《宋史》，卷四〇一，《辛棄疾傳》。「閉糴者配」的糴，疑為「糶」之誤。
204 《宋史全文》，卷二七下。

一升者名減五合，而實猶輸一升。若改為三升以下全免，則貧民得到實惠。程大昌將他的建議上奏，得到批准。程大昌說：「君宰百里而惠加一路，可謂仁人之言矣」。

　　嘉熙元年（1237），饒州、信州、南康軍又遇大旱災，提點江東刑獄史彌鞏（浙江人）組織賑濟，把民戶分成五等，甲、乙兩等以等第糶糧，丙等為自給，丁等糶（賣給平價糧），而戊等給予救濟。結果「全活為口一百一十四萬有奇」。[205]僥倖活命的是一一四萬人，那麼受災的民戶一定比這更多，其中不少人是在「流移殍死」中挨過災荒的。

　　淳祐中，袁州大災，萬載縣「棄孩滿道」，知縣冷應澄（分寧人）下令紳民任便收養，「所棄父母不得復問。全活甚眾」[206]。袁州知州葉夢鼎宣傳這個做法，藉以風厲其他縣官。

## 2. 賑濟中的諸種弊端

　　賑濟必須有實效，然而朝廷的命令往往是套話，得不到落實；地方官員的奏報多不真實，免不了虛假成分。乾道七年（1171）大旱，隆興府旱情尤為嚴重，知府龍實之命諸縣籍富民藏穀者自認糶糧數，自己運到指定地點給散。靖安縣羨門鄉的隅官范生，包庇鄰居張氏，貪其日後的酬謝，虛報張氏已糶二千石，實則沒有一升一斗。鄉民知道此事，但是畏懼二家勢力，不

---

205 《宋史》，卷四二三，《史彌鞏傳》。
206 《宋史》，卷四一六，《冷應澄傳》。

敢告發，以致餓死若干人[207]。嘉定十四年贛州大旱，災損比諸州重，而減免最少。有臣僚上奏，詔令「優加寬恤」，「而本州竟不肯實減」。此事再被申報朝廷，上司乃「榜示民戶」。可是，贛州「守臣將離任之際，再責諸縣舉催，急於星火」，只有信豐寧知縣一人不奉命照辦[208]。

賑濟中的弊端，從鄱陽董煟《救荒活民書》中，可以看到兩方面的問題，其一是朝廷上的虛假。慶元六年（1200）六月，臣寮札子言：常平、義倉國家專恃以待賑救，據諸路提舉司申戶部數目：常平錢七十餘萬緡，義倉錢五十餘萬緡，二司之米各有二百萬石。「緣提舉主管略不經意，徒存虛名，並為虛設。」由此可知，賑濟詔令中的錢糧不一定落實。

其二，賑災工作中的弊病：「賑濟之弊如麻，抄札之時，里正乞覓，強梁者得之，善弱者不得也。附近者得之，遠僻者不得也。胥吏里正之所厚者得之，鰥寡孤獨疾病無告者未必得也。賑或已是深冬，官司疑之，又令覆實，使飢民自備餱糧，數赴點集，空手而歸，困踣於風霜凜冽之時，甚非古人視民如傷之意。」「臣親見徽州婺源村落賑濟，里正先赴門抄札，每家覓錢，無錢者不與抄名，逮至官司散米，皆陳腐」。這些數不清的弊病，簡而言之，就是貪官污吏玩弄權勢侵吞錢糧，大發天災之

---

207 洪邁：《夷堅志》，丙志卷七，《范隅官》。
208 《名公書判清明集》，卷三，《已減放租不應抄估吏人資產以償其數》。

財，乃至製造人禍。

賑濟糧款主要落到豪強手裡，是官場腐敗的一種反映。劉克莊在理宗淳祐年間任江東提刑，發下公文說：「當職更歷州縣，每見檢旱官吏，所至與豪富人交通，凡所蠲放，率及富強有力之家，而平民下戶鮮受其惠。又逐鄉逐里，各有奸猾之人，與所差官廳下吏卒計囑欺偽，雖賢官員聰明有不能察」[209]。

「人存政舉」。好人總是有的，遇上能夠為民著想的官員，賑濟就有更好的實效。嘉泰年間（1201-1204）臨川大災，知縣黃幹主持賑濟，對富室閉糴非常憤慨，斷然採取特殊手段，他說：「勸糴適足以閉糴，唯發廩尚可以活民」。即日親自出城，至河東謝氏莊，問其因何未糴？守莊者曰：「元糴價五百，今欲增價也」。黃幹當即立價一百糴賣，剛半日就把一倉糴盡。謝氏走來道歉待罪，黃幹曰：「汝不發糴，至勞知縣為汝作干甲。汝亟交錢去，若別有倉廩，仰以實告，我更親往，價又減矣。」謝氏自此盡糴，鄰鄉富室聞風相應，災年得以無飢[210]。

開禧三年鄱陽大旱，憲使李珏招董煟措置荒政，董煟「將義倉米每日就城中多置場減價出糴，先救城內外之民，卻以此錢納價計口，逐月一頓支給，以濟村落之民。非唯深山窮谷皆沾實惠，且免減竊拌和之弊。一物兩用，其利甚博。……或謂賑饑給

---

209 劉克莊：《後村先生大全集》，附錄卷一，《戶案呈委官檢踏旱傷事》。
210 《黃氏日抄》，卷七八，《四月二十五日委臨川周滂知縣出郊發廩榜》。

錢，非法令所載。臣曰此庸儒之論，且村民得錢，非唯取贖農器，經理生業，以系其心，又可抽贖種子，收買籮斛，和野菜煮食，一日之糧，可化為數日之糧，豈不簡便」[211]

## 三　朱熹在南康軍賑災

淳熙五年（1178），朱熹受命為南康軍知軍，六年三月到任，正值旱災，「早田什損七八，晚田亦未可知；正得薄收，其數亦不能當早田之一二」。於是，他全力講求荒政，認真把握災情，訪問耆老，得知當地在乾道七年（1171）曾經受過一次嚴重旱災，致使城鄉蕭條。目下旱情雖比上次稍輕，而飢餓人口很多。南康軍所轄星子、都昌、建昌三縣，共開列缺食飢民二九五七八戶，內中大人一二七六〇七口，小兒九〇二七六口。這個人口數大大超過崇寧元年（1102）南康軍人口總數一一二三四三口，顯示著受災面積很大。按核准豁免田賦八分四毫的比例折算，飢民人口該是當時戶口的百分之八十以上。再詳細登記造冊，組織糶糧、賑濟，由南康軍官署印給歷頭牌面，置簿歷，發送逐縣當職官給散人戶。預於縣市及諸鄉均等去處，設置三十五場，分差見任官、寄居官三十五員，分別到場「監轄賑糶，賑濟，及委縣官分場巡察，嚴戢減克、乞覓之弊」。[212]

所有用於賑濟的糧食，來自官府和富戶兩方面。朱熹向朝廷

211 董煟：《救荒活民書》，中卷「賑濟」。
212 朱熹：《晦庵集》，卷十六，《繳納南康任滿合奏稟事件狀》。

請求減免、挪用賦稅，連續送上四份奏章：《乞截留米綱充軍糧、賑糶賑給狀》、《奏借兌上供官錢糴米，並乞權行倚閣夏稅錢帛狀》、《乞撥賜檢放合納苗米充軍糧狀》、《乞除豁經總制錢及月樁錢狀》。得到的結果是：

1. 南康軍官吏軍兵一歲糧廩二七五一三石，從來只於人戶輸納苗米之時多收加耗，高量斛面刮取，現減去斛面二斗、加耗一斗；

2. 將南康軍淳熙六年未起米五千石，七年的秋苗米減免「八分四毫四絲」（計米 37400 餘石），餘下合納米九〇九〇餘石，「盡行撥賜充軍糧，及賑糶、賑給支用」；

3. 將淳熙六年民戶輸納到的夏稅錢一六七二五貫二五九文省、未起運的折帛錢七三一九貫二九六文省，合計二四〇五二貫五五五文省，兌借收糴米斛，約計可得一一五七〇石，「賑糶飢民，卻俟糶畢收簇元錢」歸還；

4. 依據朝廷規制，經總制錢、月樁錢皆隨夏秋二稅徵收，苗米既已除放八分，相應的經總制錢減少六三七二貫一一七文省。又，倚閣淳熙七年第三等以下人戶夏稅，同時相應減去經總錢二九二五貫八四七文，二項共合除放經總制錢九二九七貫九六四文。月樁錢節次起發外，尚有六二〇貫三六五文，亦予除放。

勸諭有存糧的大戶人家捐糧賑濟，給予官位回報。其中建昌縣稅戶張世亨出米五千石，補承節郎；進士張邦獻出米五千石，補廸功郎；稅戶劉師興出米四千石，補承信郎；都昌縣待補太學生黃澄，出米五千石，補迪功郎。

為了能夠收糴到足夠的大米，增加賑濟糧供應，朱熹注意疏

通與鄰近地區的關係。當時南康軍周圍地區也在水旱饑荒之中，不免有遏糶之舉，星子人在別處買到米卻不許放行，有的地方縣官帶領吏卒公開拘攔，釘斷陂口，斷絕航道。通過向上司報告，大致克服了別地的自我保護行為。此外，還興工重修星子縣鄱陽湖水域的港澳，「以工代賑」，在提高港澳避風能力，改善航運環境同時，消除了眾多農民的飢餓威脅。

朱熹在南康軍精心籌措賑濟，取得了實效。他沒有要朝廷拿出一粒米、一分錢，只是勸朝廷少拿災區一些錢糧，不要在天災肆虐之時摻加無情的人禍，幫助災民在飢困之中減輕賦稅負擔，給予了一份關照和溫情。以小官位換取富民的糧食用於賑濟，朝廷付出的是虛，贏得布施恩惠；富民得到的是名望，以及發家的政治資本；災民則因此不至於餓斃，渡過災荒。可謂一舉三得。

第五章————

農業生產的
持續發展

農業生產要發展，必須具備的基本條件是社會安定，勞動力充足，自然生態環境好。南宋政局趨於穩定以後，江西地區發展農業的基本條件比較優越。論政治環境，不在對金抗衡的前線，建炎、紹興之際的兵災以後，長時間處於相對安定的生活中，逐步醫治創傷，使農業生產較快復甦，並重新發展起來，中間雖有茶商軍等的動亂，但只是小範圍的局部性事件，影響較小。從長時段上看，人口數量高額增加，勞動力非常充足。兩宋之際有大量的北方人遷入江西，然而由於激烈的戰亂屠戮，人口損耗也巨大，遷入者對人口基數的增長影響不大，後來人口數的快速上升主要是自然繁衍的結果。自然環境方面，農田水利工程普遍興修，植被與生態的總體狀況良好[1]。在南宋時期，江西地區普遍開墾梯田，更多的低山盆地加速開發，耕地面積因而擴大，小麥播種趨於普遍，水稻耕作技術有所進步，糧食總產量增多，進一步增強了作為國家糧食基地的實力。

## 第一節 ▶ 戶口的增加與人口流動

從歷史大局上看，自北宋末年至南宋末年的一百幾十年時間，是中國歷史上又一次移民高潮，時斷時續的戰亂，造成北方

---

1　詳見許懷林等著《鄱陽湖流域生態環境的歷史考察》第一篇，第二節，《唐宋時期的生產大開發與環境變化》，江西科學技術出版社二〇〇三年版。

民眾一次又一次地南遷，前後有五次遷徙浪潮，第一次因金滅北宋而起，第二次隨完顏亮南侵而來，第三次是開禧北伐失敗所致，第四次由蒙古大舉進攻金朝造成，第五次也是蒙古進攻南宋引發的。這個大階段的移民時間跨度大，一波接一波地推進，分布的地點逐步向南方滲透，先進入江南、四川、荊襄等地，然後向福建、江西、湖南一帶深入，最後到達嶺南地區。其中進入兩浙路的移民時間最早，數量最多。進入江西的移民也不少，主要分布在洪州、饒州、信州、吉州、江州等地。靖康、建炎之際，一時間大批逃避戰亂的流民進入江西北部，但這批人並非都在江西安居下來。接踵而來的金兵、流寇殺戮破壞，致使江西境內人口損耗嚴重，江州因為遭受金兵和李成流寇的大肆殺戮，到紹興五年（1135）全江州戶口仍然「十損七八」[2]。洪州人口減少也厲害，建炎三年（1129）十二月金兵侵入洪州，屠城，「殺城中老小七萬餘人」[3]，直到三十多年後的紹興末年「始復太平之舊」[4]。江西安撫制置大使李綱上奏：江西一路自兵火殘破之後，又經旱災，人戶凋耗，「如洪州分寧、奉新等縣，人戶所存才有十之三四，其餘縣份號為多處，不過十之六七。通一路計之，多寡相補，才及承平之半」，因此「田土荒蕪尚多」，「稅賦自然難以及額」[5]。

2　《系年要錄》卷八七，紹興五年三月丁丑。
3　趙鼎：《忠正德文集》，卷七，《建炎筆錄》。
4　曾豐：《緣督集》，卷十七，《隆興府纂修圖經序》。
5　李綱：《梁溪集》，卷九六，《准省札催諸州軍起發大軍米奏狀》。

　　進入江西的移民還有許多人被招募進官軍，隨著軍隊調動而出去。紹興初年，江西安撫大使李綱說，防禦冬季金人南侵的兵員太少，請求招募流民當兵。紹興六年（1136）十月，朝廷命令「諸路州軍將西北流移無歸人民，情緣充軍，堪披帶少壯人，招填禁軍闕額」[6]。所以，當時大批流移不定的北方人，最終落籍江西的只是一部分。同時，這個時期也有江西人外遷湖湘等地。

　　紹興和議之後，江西地區遭受的戰亂相對較少，社會安定時間更長，農業經濟恢復發展快，人口自然繁衍也快，戶口總量才再次上升。

　　南宋的戶口統計依然是著眼於賦稅，故而堅持考核男丁的增減。紹興元年（1131）二月，高宗要求凡是經過兵火劫難的州縣，「所有丁產錢谷簿書，皆依法置造」。七年五月，詔依比部員外郎薛徽言的建議，州縣每年必須核實男丁死亡生長之數，按時上報，「歲終，縣以丁之數上州，州以縣之數上漕，漕以州之數上之戶部，戶部合天下之數上之朝廷」[7]。由此可知，統計中的戶口，雖然沒有出現男丁字樣，我們仍然要理解為是男丁，不是男女老幼全部人口。因此，由江西戶口總量上升的趨勢中，完全可以看出社會勞動力充足的優勢。

---

6　《系年要錄》，卷一〇六，紹興六年十月丙申。
7　《宋會要輯稿》，食貨十一之十五至十七。

## 一 戶口大增的強勁趨勢

### 1. 戶口數量的增長

南宋期間的戶口數統計，只有各路的數據，沒有各州軍的分計數，難以分析比較江西各地的人口水平；同時，也不能從江東路中剝離出饒州、信州、南康軍，以及區分出江西路中的興國軍戶口，比較精確地計算出江西十三州軍的戶口總數。然而，即便是從「江南西路」的戶口數中，也可以看出江西地區人口的發展趨勢，以及江西戶口在南宋各路中的地位。現將各路在紹興三十二年（1162）、嘉定十六年（1223）的戶口數抄出，以資比較分析。

·表 5-1 江南西路紹興、嘉定間與各路戶口數的比較

| | | | |
|---|---|---|---|
| **江南西路** | 紹興 32 年 | 戶 1,891,392 | 口 3,221,538 |
| | 嘉定 16 年 | 戶 2,267,983<br>比紹興戶增 1.20% | 口 4,958,291<br>比紹興口增 1.54% |
| **江南東路** | 紹興 32 年 | 戶 966,428 | 口 1,724,137 |
| | 嘉定 16 年 | 戶 1,046,272<br>比紹興戶增 1.08% | 口 2,402,038<br>比紹興口增 1.39%紹 |
| **兩浙路** | 興 32 年 | 戶 2,243,548 | 口 4,327,322 |
| | 嘉定 16 年 | 戶 2,220,321<br>比紹興戶增 0.98% | 口 4,029,989<br>比紹興口增 0.93% |
| **荊湖北路** | 紹興 32 年 | 戶 254,101 | 口 445,844 |
| | 嘉定 16 | 戶 369,820 比紹興<br>戶增 1.45% | 口 908,934 年<br>比紹興口增 2.03% |

| | 紹興 32 年 | 戶 968,931 | 口 2,136,767 |
|---|---|---|---|
| **荊湖南路** | 嘉定 16 年 | 戶 1,251,20<br>比紹興戶增 1.29% | 口 2,881,506<br>比紹興口增 1.34% |
| | 紹興 32 年 | 戶 1,390,566 | 口 2,808,851 |
| **福建路** | 嘉定 16 年 | 戶 1,599,214<br>比紹興戶增 1.15% | 口 3,230,578<br>比紹興口增 1.15% |
| | 紹興 32 年 | 戶 1,097,787 | 口 3,155,039 |
| **成都府路** | 嘉定 16 年 | 戶 1,139,790<br>比紹興戶增 1.03% | 口 3,171,003<br>比紹興口增 1.00% |

（其他各路戶口數遠遠少於江南西路，可以略而不論）

　　以上諸路戶口數據表明，前後六十一年間，江南西路的戶口數量上升很快，顯示出人丁興旺、勞動力充足的優勢。

　　首先，與江南東路比，江南西路的戶口數明顯更多，大約是其二倍；口數在紹興時期多一四九七四〇一，嘉定時期多二五五六二五三。

　　其次，與兩浙等五路比較，紹興時期戶口數僅次於京城所在的兩浙路，嘉定時期則高居於各路，居首位。在發展速度上，荊湖北路在嘉定時期比紹興增百分之二點〇三，超過江南西路；但其絕對口數，則少了四〇四九三五七，完全不可比。

　　第三，從南宋前期發展到中後期，江西人口上升迅猛，淨增一七三萬餘，高居諸路之冠，這應是社會經濟持續進步的結果。

　　根據上面統計數據，我們可以肯定地說，江西人口的發展趨勢和絕對數量，在南宋時期明顯處於領先地位，是全國人口的重

心所在。

## 2. 人口增長率比較

推動人口增長的因素，一般有兩個方面：一是人口流動中的遷入更多；二是自然繁衍中的生育增加。這兩者所依賴的外部環境都是社會比較安定，謀生條件比較優越。我們以神宗元豐三年（1082）人口數為基點，觀察上列各路在元豐、紹興、嘉定間的人口升降變化，並探索其中的增減原因。

‧表5-2 江南西路與江東等路人口升降百分比

| 路別 | 年度 | 人口數 | 升降% | 路別 | 年度 | 人口數 | 升降% |
|---|---|---|---|---|---|---|---|
| 江西路 | 元豐3年 | 3,075,847 | 100 | 江東路 | 元豐3年 | 1,899,455 | 100 |
| | 紹興32年 | 3,221,538 | 104.74 | | 紹興32年 | 1,724,137 | 90.77 |
| | 嘉定16年 | 4,958,291 | 161.20 | | 嘉定16年 | 2,402,038 | 126.46 |
| 兩浙路 | 元豐3年 | 3,223,699 | 100 | 荊湖北路 | 元豐3年 | 1,212,000 | 100 |
| | 紹興32年 | 4,327,322 | 134.23 | | 紹興32年 | 445,844 | 36.79 |
| | 嘉定16年 | 4,029,989 | 125.01 | | 嘉定16年 | 908,934 | 74.99 |
| 荊湖南路 | 元豐3年 | 1,828,130 | 100 | 福建路 | 元豐3年 | 2,043,032 | 100 |
| | 紹興32年 | 2,136,767 | 116.88 | | 紹興32年 | 2,808,851 | 137.48 |

| 路別 | 年度 | 人口數 | 升降% | 路別 | 年度 | 人口數 | 升降% |
|------|------|--------|-------|------|------|--------|-------|
| 荊湖南路 | 嘉定16年 | 2,881,506 | 157.62 | 福建路 | 嘉定16年 | 3,230,578 | 158.13 |
| 成都府路 | 元豐3年 | 3,653,748 | 100 | | | | |
| | 紹興32年 | 3,155,039 | 86.35 | | | | |
| | 嘉定16年 | 3,171,003 | 86.79 | | | | |

　　從元豐三年到紹興末的八十餘年間，中經宋金戰爭的重大挫折，人口嚴重損耗，各地人口數量跌入低谷。紹興和議以後，人口發展曲線才出現轉機。因此，紹興末年的人口數及其與元豐人口的百分比，正好說明人口變動的原委。江西與江東比，可能是戰爭破壞不如江東嚴重，故而江西比元豐有所增加，但比率不大，只是一〇四，而江東減少，僅為九十餘。也許人們正是看到這種形勢，所以紹興末年有人說：「江東、西、二廣村　之間，人戶凋疏」，戰爭創傷仍在，醫治尚需時日。人口明顯增長是在南宋中期，江西路淨增一三七萬餘，江東路淨增約七十萬，這表明江西地區的人口，在南宋前階段戰亂年月中的損失，大大抵消了北方遷入者的數量，只有社會趨於平穩之後，經濟生活逐漸正常，自然繁衍的增長才顯示出優勢來。

　　在江西增加的人口中，也有一定數量的遷入者（事例詳後）。荊湖北路、成都府路的減少，基本原因該是兵災之後，又

處於軍事前線所致。明顯大增的兩浙路（134.23）、福建路（137.48），該是大量遷入的結果。臨安是朝廷所在，特有的政治條件促使官宦權貴、商賈、僧道等湧入杭州各地；而遷居福建的北方避難人口眾多，則是其遠離江淮前線，又有武夷山、仙霞嶺的屏障，沒有受到金兵的破壞，距離臨安也不是太遠，所以是遷徙者樂意安居的區域。

### 3. 人口密度

依據上述人口數量，可以推測出江西的人口密度。據梁方仲研究編制的《宋代各路人口密度》，名列前七位的是成都府路、兩浙路、潼川府路、江南西路、江南東路、福建路、荊湖南路。它們在崇寧元年（1102）、嘉定十六年（1223）的密度數據詳見下表：

· 表 5-3 江西等七路人口密度

| 路別 | 年度 | 土地面積 | 人口數 | 每平方公里口數 |
|---|---|---|---|---|
| 成都府路 | 崇寧元年 | 54,818.37 | 2,492,541 | 45.5 |
| | 嘉定 16 年 | | 3,171,003 | 57.8 |
| 兩浙路 | 崇寧元年 | 122,622.34 | 3,767,441 | 30.7 |
| | 嘉定 16 年 | | 4,029,989 | 32.9 |
| 潼川府路 | 崇寧元年 | 55,092.83 | 1,536,862 | 27.9 |
| | 嘉定 16 年 | | 2,143,728 | 38.9 |
| 江南西路 | 崇寧元年 | 131,688.84 | 3,643,028 | 27.7 |
| | 嘉定 16 年 | | 4,958,291 | 37.7 |
| 江南東路 | 崇寧元年 | 86,134.95 | 2,148,587 | 24.9 |

| 路別 | 年度 | 土地面積 | 人口數 | 每平方公里口數 |
|------|------|---------|--------|--------------|
| | 嘉定 16 年 | | 2,402,038 | 27.9 |
| 福建路 | 元豐 3 年 | 127,326.09 | 2,043,032 | 16.0 |
| | 嘉定 16 年 | | 3,230,578 | 25.4 |
| 荊湖南路 | 崇甯元年 | 128,221.91 | 2,180,072 | 17.0 |
| | 嘉定 16 年 | | 2,881,506 | 22.5 |

　　江南西路人口數量多，增加的速度很快，而密度卻偏低。江
南東路的密度低於西路，假若把隸屬江東的饒、信、南康三州軍
考慮進來，江西人口密度還要下降。這個矛盾現象表明，江西境
內可耕而未耕的地域較多，還有很大的吸納人口的空間。

## 二　江西人口的遷出

　　人口處於流動之中是帶規律性的普遍現象，南宋時期是江西
人口外遷的重要階段。去向主要是湖南，此外還有一部分是江
北、兩淮邊境地區。紹興三十二年（1162 年）江南東路提舉茶
鹽公事洪适奏報說：「江鄉之民，多因荒旱遷徙淮甸，比遭虜騎
之擾，復還故鄉，而所棄祖產，皆為官司估賣，雖欲復業，已不
可得」[8]。洪适所說的「江鄉」不是專指江西，但是饒州、信州、
南康軍不能排除在外。兩淮土地平曠，然而常遭兵災，故多荒

---

　　8　洪适：《盤洲文集》，卷四一，《乞許逃業子孫贖產札子》。

蕉，數量眾多的江西農民必然會去開耕。但日子過得不穩定。金兵來了，他們逃回來。當故鄉遇到旱災，他們又遷往淮南。乾道七年（1171），江西各地災荒嚴重，江州、筠州、隆興府（即洪州）災情尤重，「人食草實，流徙淮甸」的濠州（今安徽鳳陽）、安豐軍（今安徽壽春）等地。流落在淮南的江西人不止是贛北幾州的，還有贛南人。當時奉命前往淮西巡視的薛季宣回報說：「臣之所睹，江南轉徙人戶來淮甸者，東極溫（今浙江溫州）、台（今浙江臨海），南極福建，西達贛、吉，往往有之」[9]。這些逃荒的人到了淮南，不一定全都落籍定居下來，但也有不少不回的。因為淮南「土曠人稀」的自然條件，對窮民有巨大的吸引力，況且還有當地官員多方採取周恤的措施，招撫這些人居留下來。

江西人遷往湖南，數量很多，涉及地域廣，影響深遠。《宋史‧地理志》對荊湖南、北路的綜述中說：

其土宜穀稻，賦入稍多。而南路有袁、吉壤接者，其民往往遷徙自占，深耕溉種，率致富饒，自是好訟者亦多矣。北路農作稍惰，多曠土，俗薄而質。

在荊湖南、北兩路的農業、人口與社會民情之中，農耕「率致富饒」是關鍵，這既是移居者開發當地的積極效果，也對後遷

9　薛季宣：《浪語集》，卷十六，《奉使淮西回上殿札子一》。

者產生強大的吸引力，引發江西人遷徙湖南的持續性。《宋史》雖然沒有區分北宋、南宋，然而參照其他相關事實分析，例如陸九淵對江東、西和荊湖南、北的農耕水平的評議，可知應是南宋時期占主要。

　　江西人遷居湖南由來已久，到了宋代遷出的人比以前更多。率先對這個領域進行科學研究，是譚其驤先生，他一九三三年發表的《湖南人由來考》，是最有代表性的成果，後來的同類研究都是在他基礎上的局部拓展。譚其驤研究的結論是：遷入湖南的以「江西省最多，占全數幾及三分之二」，共計三二四族。而且，「江西人之開發湖南，鮮有政治的背景，乃純為自動的經濟發展。其時代，則兩宋、元、明江西人口超越一般平衡線之時，正湖南省草萊初辟之際也」。江西人後裔「見存於今日寶慶等七州縣者，猶有八十一族之多，北宋占其十之四，南宋占其十之六。」具體的家族數為北宋二十五族，南宋三十四族。[10]有了這些具體事實，不僅更能真切理解《宋史》地理志的評述，還可使讀者知道這些遷徙者是農耕勞作者。由於是「純為自動的經濟發展」行動，延續的時間必然漫長，對贛湘兩邊不會產生破壞性的震動。

　　其次是遷往廣東。例如，廣州屏山房簡氏始遷祖榮屬，原居洪州南昌。歐陽修的後裔歐陽德孺，「中遭亂離，挈族南徙」，定居於連州（今廣東連縣）。粵東北的梅州，地廣人稀，本地人

---

10　譚其驤：《長水粹編》，河北教育出版社二〇〇〇年版。

「業農者鮮，悉借汀、贛僑寓者耕焉。故人不患無田，而田每以工力不給廢」[11]。廣南東路戶口確屬稀少，嘉定十六年（1223）的統計只有四四五九〇六戶，七七五六二八口，與江西地區比較相差懸殊，僅一個饒州的戶口在高宗時期即達二十萬戶之多，將近廣東全部戶數之半。梅州廣闊的土地，憑藉贛州、汀州農民前去耕墾，才得以解決糧食困難。嘉定年間，廣東轉運使吳泳奏稱：其他諸路早已免除身丁錢，唯廣東繼續拘催，因為廣東全靠丁錢維持，就像梅州，「客丁租例納米，本州軍糧全仰此米」，若罷去，則「無以給軍食。梅州之不可無丁米，亦猶本司之不可無丁錢也」[12]。

　　一些官宦大戶的後裔，不少遷居落籍於外地。例如德安王韶的玄孫王遂，遷居江蘇鎮江，成了金壇人。玉山汪澈的從孫汪立信，為安徽六安人，因他的曾大父汪智，隨從汪澈宣諭湖北，道經六安，愛其山水，便居留下來，後代落籍當地。

## 三　遷入江西的家族事例

　　北宋滅亡，南宋與金朝對峙，江南大地是安定而富庶之區，江西境內再次成為流民進入之地。這些「流民」，主體是下層民眾，也有少數士紳。南宋江西地區的人口在遷出與進入的流動過程中，進入的數量是否多於輸出的人口，因缺乏必要的資料依

---

11　王象之：《輿地紀勝》，卷一〇二《梅州‧風俗形勝》注引《圖經》。
12　吳泳：《鶴林集》，卷二二，《奏寬民五事狀》。

據，難以判定。外地民眾遷入江西的事實，已知的如：

靖康、建炎之際，一批趙氏宗室從汴京南奔，其中有的家族進入江西落籍。趙子略、趙子誼兄弟遷居安福縣。他們是宋太祖三子燕王德昭八世孫，逃出汴京後渡過長江，來到江西，趙子誼為吉州安成（即安福縣）酒監，遂定居；趙子略先在潭州（今湖南長沙）任都監，不久亦來安福留寓，兄弟倆同居縣城東北隅清真觀前，是為安福觀前趙氏開基祖。

濮王趙允讓的裔孫遷居建昌軍南豐縣。到了南宋後期，這支趙氏有趙崇蟠，是寧宗嘉定年間的進士，官大宗正丞。其子趙戊岊，字次山，已是濮王第九世孫，年十七，中淳祐四年（1244）進士，初授袁州萬載縣主簿，端宗時為撫州知州，領導兵民進行抗擊元軍的戰爭。

餘干縣趙汝愚，是宋太宗長子漢王七世孫，其父善應為江西兵馬都監，金兵滅北宋，遂居留餘干縣。汝愚九子，不分家，「聚族而居，門內三千指（即 300 人）」。和趙善應為兄弟輩的趙彥端也定居在此，彥端曾為餘干縣令，與善應家過從甚多，他教誨趙汝愚要保持操守：「毋以一魁置胸中」，切勿「為富貴誘壞」，得到上面一二句獎諭，即「喪其所守」。

南豐縣也有宗室成員定居。元代南豐人趙與僑《述祖詩》說其家族祖籍開封，「中罹多難，南歷江沱。眷焉吾宗，豐水居多」[13]。

---

13　陳衍輯：《元詩紀事》，卷十二。趙由僑，字與僑，南豐人。

遷入江西落籍的趙氏宗室後裔，其中一部分保留著宗室的屬籍，另一部分則變成了民籍。南宋中後期的科舉考試中，有不少宗室子弟中舉，據光緒《江西通志》選舉志載，從嘉定四年（1211）開始，到咸淳十年（1274）止的二十二次科考中，共有九十一名宗室進士，其中咸淳元年（1265）一次多達四十七人，他們顯然都是保留著宗室戶籍的江西人。同是這一科進士的，還有瑞州（今高安市）十五人，全部姓趙；南豐縣二十三人中的趙姓二十一人，新淦縣十一人中的趙姓八人，這四十四人名字風格和那四十七名宗室一致，可推測他們是已經失落宗室戶籍者，或者是這次的志書編撰者徑直把他們寫在本縣名下。

南昌東湖邊的蘇雲卿，是一個有名望的隱士。靖康年間避戰亂從四川廣漢來到洪州，定居在東湖南邊，人稱蘇翁。

跟隨隆祐皇太后入江西者，有一些人居留下來，如安福奔仕能，原籍開封，徽宗時為侍御，「靖康之亂，從隆祐太后南幸至安成，家焉」[14]。吉水夏澤，為金陵人，建炎中，「以刑部司門郎從孟太后（即隆祐太后）南遷至吉水，因家焉」[15]，是為吉水夏氏始遷祖。

信州處於江西、浙江、福建交接區，尤其是接近臨安，比較容易瞭解朝廷信息，土地平曠，物產豐美，「故北來之渡江者，

---

14　揭傒斯：《揭傒斯全集・文集》，卷七，《奔清甫墓誌銘》。上海古籍出版社一九八五年版。
15　王禮：《麟原文集》，前集卷三，《教授夏道存行狀》。

愛而多寓焉」[16]，成了南遷者寓居、落籍的一個中心點。如許昌韓維家族，從韓元吉開始，建炎初自開封雍邱流寓信州，定居上饒，成為名宦大族。其子韓淲，亦清苦自持，出仕不久即歸隱上饒，有詩名。彭城鄭望之，字顧道，官吏部侍郎，僑居上饒，與曾宏父、呂本中、晁恭道等寓客，日夕往來，吟詠詩文。玉山趙蕃家族，也是南宋初年從河南前來。其先為鄭州人，曾祖父趙暘建炎初「以秘書少監出提點坑冶，寓信州之玉山」[17]，歿後葬玉山之章泉，子孫遂定居落籍，趙蕃自號「章泉先生」。尹穡，其先兗州人，南渡後居玉山，與呂本中、曾幾在山中讀書二十年，孝宗朝累官右諫議大夫。

奉新、分寧彭氏，南宋初從浙江金華遷來。《彭氏宗譜》錄存大德元年（1297）《創修譜序》稱：紹興元年五月，趙延壽據分寧（今修水），潛稱楚王。高宗命安撫大使呂頤浩討平之，血洗分寧，詔命調各處軍民以實該土。金華彭必顯勸兒子世賢、世能西遷。他倆帶「親丁人口一百三十七人，驢騾五十九匹，綾羅絹緞及中統寶鈔、金銀四十二槓」，從金華德安鄉出發，進入江西，走到新吳（今奉新），世賢留居下來。世能繼續前行至分寧縣仁義鄉土龍山之雷塘，建屋安居，「分寧彭氏，遂肇於此」[18]。

---

16　韓元吉：《南澗甲乙稿》，卷十五，《兩賢堂記》。

17　《宋史》，卷四四五，《趙蕃傳》。

18　修水《彭氏宗譜》（民國三十六年重修）卷首·序。此序文由修水縣誌辦梅中生主任提供，特此致謝。該譜序文說彭世賢兄弟帶有「中統寶鈔」，顯然錯誤。中統寶鈔是元朝的紙幣，南宋初期的人根本不可能有。

南宋初年遷入分寧的還有查姓，靖康元年（1126），徽州休寧縣的查實涴逃避金兵侵擾，前來分寧縣崇鄉坦糧坑，是為分寧查氏始遷祖。北宋末、南宋初從浙江金華遷分寧的還有：郭原顯，落籍縣城紫花墩；匡盧，落籍擇水源（今朱溪井源村）；梁國英，落籍三都梁口；丁必能，先居留南昌，後再落籍分寧黃土嶺。

落籍吉州的家族，已知的有：王侃，祖籍山東臨沂，於建炎三年（1129）「侍母避地新喻」，再遷入盧陵。其子伯芻，紹興二年（1132）生，學問博洽，工文詞，「一再游場屋，不利」，即放棄舉業，「藉售文教學養生送死」。彭漢老，慶元六年（1200）卒，周必大寫其《墓誌銘》說，彭漢老「五世祖自金陵（今江蘇南京市）徙家吉州盧陵縣」，發展順利，「遂為盧陵盛族」。

撫州臨川艾氏，靖康間從浙江遷來。宋末元人艾性夫說家族來歷：艾溪在嚴州（今浙江建德、淳安、桐盧三縣地）學宮前，「余始祖實溪上人，靖康避地於撫。溪尾為艾原」。他賦詩表達對先祖的懷念：「睦城西下柳陰陰，以艾名溪古到今。鼻祖桑弧蓬矢地，耳孫喬木故家心」[19]。金溪縣吳塘裡，是吳氏家族聚居地，有一批南遷者集中在此，「南渡之亂，東北士大夫來依吳塘以居者，凡數十家」[20]。

南宋後期，北方時局動亂，又有逃避兵燹的民眾沿長江而至九江，進入江西境內。江州溢城於是「戶口日增」，江州長官

19　艾性夫：《剩語》下，《題艾溪》。嚴州原名睦州，因爆發方臘起義，宣和三年（1121）改名。
20　虞集：《道園學古錄》，卷十八，《故梅隱先生吳君墓銘》。

「建景星精舍，以養淮、蜀士」[21]。原湖北蘄春縣人張元英，避難居溢城，在景星精舍讀書而出名。還有人溯贛江往南，深入撫州擇地安居，如四川臨邛樊氏，於宋亡之前四十年，遷來撫州崇仁縣落籍，在縣學任教諭。四川由於長時間遭受戰亂，民眾多逃亡出川，嘉熙年間（1237-1240）在隆興府城內見到，「蜀士之寓此者七十家」，他們對當地的經濟要求很多，南昌「郡力凋薄，一有不周，便生謗言」[22]。看來這些人遷來不久，也可能無落籍打算，但是隨著南宋大局日益危急，定有人居留下來。

## 四 《地名志》反映的南宋建村信息

南宋，尤其是靖康、建炎之際遷徙至江西的人口比較多，但是對入遷者的數量不宜估計過高。上列入籍家族主要是官宦人家，其絕對數量有限，在人口總量中只是少數。南宋初期既有大量人口遷入，同時又是人口減耗嚴重的時期。上節人口增長趨勢的數據表明，從元豐三年（1080）至紹興三十二年（1162）的八十年間，江南西路只增加一四五六九一人，江南東路減少一一七五三一八人，把在江東的饒州、信州、南康軍三地下降的人口數考慮進來，整個江西地區的人口增加量就很有限了。

從二十世紀八十年代編纂的《地名志》中，可以窺見南宋江西人口增長實情的一些參考信息。以下是抽樣調查六縣的簡要情況：

---

21　劉岳申：《申齋集》，卷十一，《張元英墓誌銘》。
22　吳泳：《鶴林集》，卷二四，《知隆興府丐祠申省狀》。

贛東武夷山西麓，在南宋前期遭金兵蹂踐較輕，該是避亂者安居之處。新城縣（今黎川縣），創建於紹興八年（1138），是宋代人口顯著增長之後析建的新縣。地名普查的結果是，由外省遷入者開基於南宋初年的只有福建吳姓一村，其餘都是南宋末年建村[23]。這就告訴人們，兩宋之際遷入的北方人口不多，繁衍下來的更屬微末。詳如下表：

・表 5-4 新城縣唐至南宋建村表

| 縣名 | 總村數 | 時代 | 新建村 | 占總數（%） | 外省遷入者 | 占新建村（%） | 說明 |
|------|------|------|------|------|------|------|------|
| 新城 | 1326 | 唐、五代 | 3 | 0.2 | | | ①外省遷入者所建 6 村中 5 村開基者來自福建，1 村開基者來自山東。②南宋新建 29 村，其中 21 村建於南宋末。 |
| | | 北宋 | 8 | 0.6 | | | |
| | | 南宋 | 29 | 2.19 | 6 | 20.6 | |

　　金溪縣，是北宋淳化五年（994）建縣，南宋時期開基的自然村比較多。詳如下表：

---

23　詳見黎川縣地名志辦公室編印《黎川縣地名志》（內），一九八七年版。地名志是前所未有的社情普查記录，是在政府大力主持下完成的，具有行政權威性，又與賦稅負擔、政治利害沒有聯繫，故人為的主觀性較少，客觀真實性更強，資料價值相應更珍貴。然而由於時隔久遠，缺乏各歷史階段的檔案記錄，普查時主要是依據家譜文字，民眾口耳相傳的記憶，故其資料的可靠性，越是久遠的越小。

表5-5 金溪縣五代至南宋建村表

| 縣名 | 總村數 | 時代 | 新建村 | 占總數（%） | 外省遷入者 | 占新建村（%） | 說明 |
|---|---|---|---|---|---|---|---|
| 金溪 | 1040 | 唐、五代 | 43 | 4.1 | 12 | 27.9 | 南宋時期的遷入者，來自閩、皖、豫、湘、陝、晉、川七省[24]。 |
| | | 北宋 | 91 | 8.75 | 18 | 19.8 | |
| | | 南宋 | 115 | 11.05 | 31 | 26.9 | |

　　贛東北的德興縣，東漢建安八年（203）置樂安縣（今樂平、德興二縣地），隋開皇九年（589）廢，南唐升元二年（938）建德興縣。它位於饒州、信州之間，以礦業著稱，是外省遷者比較多的縣。具體數量如下表：

· 表5-6 德興縣五代至南宋建村表

| 縣名 | 總村數 | 時代 | 新建村 | 占總數（%） | 外省遷入者 | 占新建村（%） | 說明 |
|---|---|---|---|---|---|---|---|
| 德興 | 913 | 五代 | 102 | 11.17 | 46 | 45.2 | 五代新建村中包含唐代建的。入遷者的省份是皖、閩、浙、魯、粵，其中以安徽婺源縣遷來的最多，他們在唐五代建村22個，北宋時建村12個，南宋時4個。[25] |
| | | 北宋 | 52 | 5.69 | 22 | 42.3 | |
| | | 南宋 | 37 | 4.05 | 6 | 16.2 | |

24　金溪縣地名辦公室編印《金溪縣地名志》（內），一九八六年版。
25　德興縣地名辦公室編印《德興縣地名志》（內），一九八五年版。

贛中西部的永新縣，東漢建安九年至二十年（204-215）之間建縣，是井岡山下歷史悠久的大縣，然而相對偏遠封閉，歷來是遷入者安居之地，但南宋時期由外省遷入的開基者比例很小。

· 表 5-7 永新縣五代至南宋建村表

| 縣名 | 總村數 | 時代 | 新建村 | 占總數（%） | 外省遷入者 | 占新建村（%） | 說明 |
|------|--------|------|--------|------------|------------|----------------|------|
| 永新 | 1912 | 五代 | 30 | 1.56 | 8 | 26.7 | 外省為蘇、湘、川、魯、陝。 |
| | | 北宋 | 65 | 3.4 | 4 | 6.15 | 外省為蘇、桂、豫、湘。 |
| | | 南宋 | 96 | 5 | 2 | 2.06 | 外省為川、閩。 |

贛西北的宜豐縣，三國吳黃武年間（222-229）已建縣，晉代廢並，北宋開寶八年（952）復建。北宋建村較少，南宋所建村莊大增，但外省遷入者所占比重小，五代、北宋、南宋共建村一六六個，只占總村數的百分之七點五，縣內開發高潮在明清時代[27]。詳如下表：

26　永新縣地名辦公室編印《永新縣地名志》（內），一九八三年版。
27　宜豐縣地名辦公室編印《宜豐縣地名志》（內），一九八四年版。

·表5-8宜豐縣五代至南宋建村表

| 縣名 | 總村數 | 時代 | 新建村 | 占總數（%） | 外省遷入者 | 占新建村（%） | 說明 |
|---|---|---|---|---|---|---|---|
| 宜豐 | 2217 | 五代 | 7 | 0.3 | | | 外省遷入者建村數及其比例為三個時期的總數。 |
| | | 北宋 | 62 | 2.7 | | | |
| | | 南宋 | 104 | 4.6 | 10 | 6 | |

　　贛南的寧都縣，始建於三國吳嘉禾五年（236），經濟文化水平都比較高，是贛南的一個大中心區。該縣共有自然村四四〇五個，大多數都是明清兩代開基建立的，唐至南宋共建村只有一七〇個，占總村數的百分之三點八。

·表5-9寧都縣五代至南宋建村表

| 縣名 | 總村數 | 時代 | 新建村 | 占總數（%） | 外省遷入者 | 占新建村（%） | 說明 |
|---|---|---|---|---|---|---|---|
| 寧都 | 4405 | 唐、五代 | 46 | 1.04 | 12 | 26.08 | 遷入者分別來自閩、豫、浙、湘、蘇。北宋、南宋時期遷入者均來自福建衛 |
| | | 北宋 | 65 | 1.48 | 1 | 1.5 | |
| | | 南宋 | 59 | 1.34 | 1 | 1.7 | |

　　以上六縣自然村開基的時段分佈表明，在南宋時期遷入的外

---

28　寧都縣地名辦公室編印《寧都縣地名志》（內），一九八四年版。

省人口，只在少數縣多些，在大多數縣中都比較少。這些縣村莊的增多，集中在明清兩代，主要是縣內的、鄰縣的（婺源、德興也是鄰縣）家族析分、遷徙所致，所以隨處可見上村、下村，老村、新村之類的村莊。《地名志》的建村資料，其真實性需做具體分析。它們是二十世紀八十年代的實際，不是南宋的現實，存在約八百年的變遷，同一地段可能有多次開基的差異。其次，資料主要出自家譜，而這些譜牒絕大多數是清代編纂，以反映清代社會狀況的資料價值最高，其中留存的宋代事蹟，往往是憑藉家族的集體記憶，對瞭解南宋人口遷徙狀況，只有旁證價值，有助於多一個側面思考，卻不能僅憑它們作出最後結論。


## 第二節 ▶ 農田墾闢和耕作技術的提高

### 一　農田墾闢、梯田增多

　　建炎、紹興年間的戰亂，對江南各地的農業生產造成很大破壞，恢復不易，進度也因地而異。例如撫州，紹興元年（1131）春，發生盜匪作亂，誘脅民眾數萬，圍攻建昌軍城，不克，轉而攻陷宜黃，「官寺民廬，一夕燔烈為灰燼」。朝廷得到報告，發兵將盜匪「捕盡」。連續的兵火殺戮，「民之竄走山谷幸而不死者，皆餓死，頭顱相屬於道，數百里無炊火焉」。縣官們沒有衙門，簿書無地方存放，讓胥吏抱回家去。訴訟審理、賦役徵收都無定準，商旅不至，街市無雞豚，官員們全都盼望趕快離任。宜

黃殘破的經濟生活，三年之後才逐漸復甦[29]。

江州的兵災創傷深重，到了紹興後期，張孝祥在廬山看到的情景依然是「山北山南劫火餘，如何留得此僧居」，著名的萬杉寺曾有朝廷賜給的莊田，現在破敗不堪，「今日殘僧無飯吃，卻催積欠意何如」？[30]

吉州的情況較好，墾種進展更快。遷徙落籍的移民，儘力開墾，以求安生。山東李興時家族，靖康、建炎間避亂南遷吉州，他們「自出力闢曠土，得田四百畝，請於官，官畀之為世業」。紹興八年（1138），李興時將這事著文刻石立碑，「以貽永久」。李氏對這四百畝田的所有權，一直維持到南宋滅亡[31]。

從整體上看，生產恢復較慢，各地發展也不平衡，到了紹興後期，還有荒涼之處。紹興二十九年（1159），戶部建議出賣官田，有人擔憂賣不出去：「江東、西、二廣村　之間，人戶凋疏，彌望皆黃茅白葦，民間膏腴之田耕布猶且不遍，豈有餘力可置官產……況江、廣米穀既平，錢貨艱得，畝值不過貫百，縱根括無遺，其能應期限乎。」[32]

隨著人口增加，人地矛盾向著耕地褊狹方向發展。孝宗以後，士大夫對農田議論的重心改變了，陸九淵對湖北荊南府長官

---

29　孫讀：《鴻慶居士集》，卷二一，《撫州宜黃縣興造記》。

30　張孝祥：《於湖居士文集》，卷十二，《楞伽寺》、《萬杉寺》。上海古籍出版社一九八〇年版。

31　吳澄：《吳文正集》，卷六三，《題李氏世業田碑後》。

32　《文獻通考》，卷七，田賦考・官田。

說：「江東、西無曠土，此間（指荊門軍）曠土甚多」[33]。事實正是如此，比如贛西的袁州，已經需要開墾山地來彌補耕地之不足，楊萬里說：「袁之為州，地峽田寡，粟財僅僅，州民必山伐陸取，方舟乘流，貿之臨江，易粟以輸」[34]。贛東北的信州，徐元傑說：「廣信（即信州）一林麓區爾，土狹而人稠」。開墾山地梯田浪潮繼北宋之後，進一步擴展開來。

信州：洪炎描述鉛山縣鵝湖寺山中的情況：「萬松參嶺路，千畝勸春耕」[35]。

永豐縣（今廣豐縣）：楊萬里淳熙五年（1178）自臨安回江西，路經永豐縣石磨嶺，看見從山下至山頂都開墾為田，耕地如帶，層層而上，聯想兩淮地區因宋金對峙造成的荒涼，賦詩曰：「翠帶千環束翠巒，青梯萬級搭青天。長淮見說田生棘，此地都將嶺作田」[36]。

玉山縣，在高山之上出現良田。鄱陽人張世南在紹定元年（1228）仲冬往懷玉山，行百里始至山下，「舍輿策杖，無非崇山峻嶺。又二十里，有平地廣袤數百畝，人煙數十家，田疇井井，滿目桑麻。問道傍之人云，歲熟可得米千斛。其上復有峰巒圍繞，一目不能窮」[37]。墾種高山谷地，雖然減少了建築一層層

33　《象山全集》，卷十六，《與章德茂‧三》。
34　楊萬里：《誠齋集》，卷一二九，《夏侯世珍墓誌銘》。
35　洪炎：《西渡集》，卷下，《曉發鵝湖》。
36　楊萬里：《誠齋集》，卷十三，《西歸集》。
37　張世南：《遊宦記聞》，卷六。

· 仰山梯田

台地的辛勞，但登山而耕的大背景則相同。

　　袁州。乾道末年（1173），范成大由臨安去廣西桂林，途經袁州，游宜春仰山，記其所見曰：

　　　聞仰山之勝久矣，去城雖遠，今日特往游之。二十五里先至孚忠廟，……出廟三十里至仰山，緣山腹喬松之磴甚危。嶺畈上皆禾田，層層而上至頂，名梯田。[38]

　　山勢很陡，石磴甚危，離宜春縣城很遠，但是農民仍然在山

38　范成大：《驂鸞錄》。

坡砌壩，築成台地，逐級而上，仰望如梯，遂稱這種耕地為「梯田」。開山種梯田由來已久，唐朝中期已見記載，梯田的稱呼必定早已使用，而見諸文字卻以范成大最早。這也可能是梯田在仰山耕種得最有成效的一種反映。對仰山農民種梯田的成果，范成大繼續寫道：坐竹輿直上仰山很驚險，然而到達之後，「茲事且置飽吃飯，梯田米賤如黃埃。」[39]

范氏以白描的筆法，從河谷水田寫到仰山梯田，山道的驚險過去之後，是飽吃米飯的舒坦。山中梯田多而人少，所以糧足，說明農民與山爭田的成效顯著。

萍鄉縣：蔣之奇看到的情景也是「鳥道青山裡，耕鋤竟畬田」[40]。

吉州，楊萬里描述山農的耕作情狀是：「嶺腳置錐留結屋，盡驅柿栗上山顛。沙鷗數個點山腰，一足如鉤一足翹。乃是山農墾斜崦，倚鋤無力正無聊。上山入屋上山鋤，圖得生涯總近居」。墾種的山田逐步上升，農舍和柿、栗等果木也上了山巔，圖的是耕種地與居住區結合，山農提高了勞動工效，山村隨之增多，經濟開發區域必然跟著擴大開來。楊萬里帶著憫農的心情，評議這種墾山的形勢是「大田耕盡卻耕山，黃牛從此何時閑」[41]。

江西全境的丘陵、山地超過總面積的一半以上，適宜開墾梯

39　范成大：《石湖詩集》，卷十三，《過石磨嶺，嶺皆創為田，直至其頂》。
40　同治《萍鄉縣誌》，《藝文志》。
41　楊萬里：《誠齋集》，卷十二，《觀小兒戲打春牛》。

田的面積廣布。這些梯田位於平地低丘陵之上，崇山峻嶺之下。半山之中的梯田，有蜿蜒而下的山溪水灌溉，故而梯田依然種植水稻。增加了糧食產量，解決了眾多人口的生活必須。南宋初期增加的新城（今黎川）、樂安、廣昌三縣，正是丘陵山區梯田增多，居民聚落普遍出現，農村經濟區域擴大的反映。紹興十六年（1146）十一月，曾任袁州知州的張成巳對高宗說：「江西良田多占山岡，上資水利以為灌溉，而罕作池塘以備旱燥。」[42]當然，張成巳在這裡只是強調了江南西路農田的一個方面，梯田能夠引水灌溉，至於贛撫平原、吉泰盆地等平衍地帶需要修築池塘的事，顯然是被他省略了。

梯田廣闢，必然會增加水土流失。擺在南宋時代衡量，這種流失還沒有改變山林茂盛，生態良好的環境。這可以從幾方面得到說明：一是山嵐瘴氣之區多，尤其是贛州、南安軍地區瘴氣濃重，被官僚們視為不能去的地方。二是植被良好，林區蓄水能力很強，江河上游地區常有無雨而漲水的現象，周必大由贛州回吉州，就碰上十八灘被「清漲」淹沒的好事。三是贛江、撫河、信江、饒河、修水五大河流入湖口的泥沙淤積速度比較慢，未見湖區築堤圍田。總的看來，水土流失隨著梯田墾種而增加，但生態環境尚屬良好階段。

42　《宋會輯稿》，食貨七之四六。

## 二 水利工程的普遍興修

興修水利工程，是防禦水旱災害，保護農田，改善灌溉條件，與水爭地。南宋時期，江西農民在墾闢梯田的同時，繼續修築了一批水利工程。

洪州：南昌、新建境內的贛江大堤，在北宋仁宗時期築城的石堤，南宋以後又被洪水沖壞，紹熙年間（1190-1194），李燔添差江西轉運司幹辦公事，見「贛江漲而堤壞，久雨輒澇」，即建議江西安撫使李玨、轉運使王朴之修堤，「自是田皆沃壤」[43]。

豐城縣地處吉、贛下流，地勢窪甚，春夏水暴至，方圓數十里匯為巨澤，縣城兀然居中，全賴贛江石堤擋水。傍縣之田，均在夏潦退後農作。秋天贛江水落，則整治江岸堤防。豐城的贛江堤建成於北宋天聖、明道年間（1023-1033），在南宋高宗以後的一百多年間，先後多次維修。紹興十六年（1146）大修之後，防洪能力提高。乾道年間，范成大經過豐城，見「沿江石堤甚牢，密如錢塘，不如是即頹齧不可保聚」[44]。淳熙五年（1178）大水，觀巷、聶家墻兩處江堤潰壞，重修時「吏偷民惰」，工程質量低，幾年之後遂致大潰決。慶元二年（1196）水災，豐城受災戶八一〇二家，被淹田六二六八頃，農民損失糧食九十萬石。當年冬季再次重修，徵調農民五三〇〇〇餘，勞作四個多月，把觀巷、聶家墻兩處堤墻加高，加大，延長，並培築子隄十八處，又

---

43　《宋史》，卷四三〇，《李燔傳》。
44　范成大：《驂鸞錄》。

在上游增築石埽一處，以殺上流水勢[45]。嘉定五年（1212）、端平三年（1236）、淳祐五年（1245）、七年多次重修，增築石埽、子堤，將整個石堤延長，逐漸提高了防洪能力。

臨江軍：清江縣原有破坑堰、桐塘堰，沿贛江築堤四十里，護田三千七百頃，民居陸地又三百頃。後來兩堰漸壞，常受水患。拖延約四十年，至乾道八年（1172）程大昌來任江西轉運副使，「力復其舊」，恢復了二堰的防洪護田功能[46]。

吉州：泰和縣在慶元年間（1195-1200），知縣卓洵上任之後，訪求水利，發現有一條小江，發源於武山，東流四十里，在縣城東北匯入贛江。而「其流低窪，田畝高迥，橘槔難施，營創六閘，務瀦洩以救旱潦，共灌田一萬餘畝」[47]。卓洵主持建築的這六座水閘，坐落在縣城東北十餘里處。

泰和西部禾市鎮的槎灘（一作茶灘）、碉石二陂，延續至南宋已經損壞嚴重，「每歲屢築，已，輒壞，殆不可築」。理宗紹定年間（1228-1233），當地鄉紳李英叔「以錢二萬緡，募千夫，鑿石堤江水，陂成，灌螺溪良田三十萬，鄉人稱之曰李公陂」。由此看來，北宋時代周氏家族創建的槎灘、碉石陂已成過去，正在旺盛之中的李氏家族起而代之，被稱為「李公陂」了。這樣，

---

45 劉德秀：《觀巷堤記》，雍正《江西通志》卷一二六。
46 周必大：《文忠集》，卷卷六二，《龍圖閣學士宣奉大夫贈特進程公（大昌）神道碑》。
47 光緒《江西通志》，卷六四，《水利》。

該陂到了元朝成為諸多家族簽訂《五彩文約》[48]，共同管理的水利工程，便是一個順理成章的發展過程。

安福縣西鄉八都，在北宋治平元年（1064）建的寅陂，後來逐漸潰壞，「官失其籍，大姓專之。陂旁之田，歲比不登」，地方公益性的水陂變成了豪強獨霸的私產，致使平民的田地得不到灌溉。紹興十三年（1143），趙姓縣丞主持再次修築，他「搜訪耆老，盡得古蹟。乃浚溪港，起堤淤」，恢復了寅陂的灌溉功能。趙縣丞重訂寅陂管理制度，「躬視阡陌，灌注先後，各有繩約，不可亂」，達到合理利用，把寅陂重新定位為地方公共水利工程。當年「適大旱，而寅陂溉萬二千畝，苗獨不槁，民頌歌之」。

二三十年之後這個寅陂又被豪宗大姓所壟斷，普通農民得不到灌溉之利。乾道末年（約1172）旱災，安福縣丞彭龜年按圖疏治，再次重修寅陂，重新獲得「灌田萬三千餘畝」的效益。[49]

廬陵縣石塘裡有大東塘，「溉田數十百頃」，年久未維修，將要圮廢，鄉民顧慮工程經費浩大，莫敢議重修之役。富室劉大同，力學而數次赴考未中，在鄉里篤行仁義，他眼見大東塘潰壞，慨然曰：「吾田須此水者甚寡，然使水既瀦亦眾利也」。約紹熙初年，劉大同捐家財雇募農民工匠，重築大東塘堤，開挖引

---

48　詳見許懷林《槎灘陂——千年不敗的灌溉工程》，《漆俠先生紀念文集》，河北大學出版社二〇〇〇年版，第400-413頁。

49　樓鑰：《攻愧集》，卷九六，《寶謨閣待制致仕特贈龍圖閣學士忠肅彭公神道碑》。

水溝塍，使塘水源源流灌農田。於是，當地「旱有先備，歲無大侵」。[50]

永豐縣，紹興二十五年（1155）江口泂陂村民眾在村前小河中築柴陂，引水灌田。淳熙十二年（1185），江口彭溪村民眾開挖水塘，取名青塘，蓄水以備灌溉。

贛州：興國縣安陂，溉田六十頃，然而水勢自上奔突而下，故難築而易壞，到淳熙年間已經壞了近五十年，贛州知州周必正以官費修復。他由此升提舉江東常平茶鹽公事，見玉山縣有徐田陂，其中一條渠道瀕江，數次潰決。將徙渠則地主不可，將徙陂則居下流者懼為己害，雙方交訟。經周必正調解，修復了渠道，使徐田陂水溉田三百餘頃。[51]寧都縣在嘉定至端平年間（1208-1236），縣令魏泌、林光裔、趙夫相繼修築，建成環玉陂，陂址距縣城五里，水源來自白鵝寨，經縣城而達梅江，「所灌田無算」[52]。

撫州：臨川縣在北宋嘉祐四年（1059）重修的千金陂等九陂，以後逐漸毀壞。其中的述陂，在南宋前期已是荒廢，只見「枯槎自斷岸，孤艇橫野渡」。到南宋淳祐十一年（1251），知州葉夢得主持「築陂長三百丈，浚渠廣二十丈」，才增強了當地防

---

50　楊萬里：《誠齋集》，卷一三〇，《劉君季從墓銘》。墓銘中未寫明修大東塘的時間，但知劉大同卒於紹熙三年（1192），年三十八，故推測其修塘在紹熙初年。

51　陸游：《渭南文集》，卷三八，《監丞周公墓誌銘》。

52　雍正《江西通志》，卷十六，《水利》。

洪灌溉能力[53]。

　　袁州：上高縣，在嘉熙年間（1237-1240），知縣江湘主持「築陂堰以利灌溉」[54]。

　　以上列舉的水利工程事例，表明南宋時期江西興修水利比較多，較好地保護了江河兩岸的農田，改善了低平地區的生產條件，提高了農業耕作水平，使江西經濟比鄰近地區先進了一步。陸九淵在荊門軍任上，曾將江西和湖北對比說：

> 江東、西田土較之此間，相去甚遠。江東西無曠土，此間曠土甚多。……此間陸田，若在江東、西，十八九為旱田矣。水田者大率仰泉，在兩山之間，謂之浴田（實谷字，俗書從水），江東、西謂之源田。潴水處曰堰，仰溪流者亦謂之浴，蓋為多在低下，其港陂亦謂之堰。江東、西陂水多及高平處，此間則不能，蓋其為陂，不能如江東、西之多且善也。……然所謂水田者，不善治堰，則並高處亦與平日相類矣。[55]

　　陸九淵這裡所說的江東，可能主要是指饒州、信州一帶，其家撫州金溪縣即位於饒信二州的南邊。他既熟知家鄉農村的耕作實際，現又深入瞭解到湖北荊門一帶的鄉間情狀，把二者恰當地

53　光緒《江西通志》，卷六四，《水利》。
54　光緒《江西通志》，卷六四，《水利》。
55　《象山全集》，卷十六，《與章德茂・三》。

逐一比較，突出強調的則是水利工程、土地墾闢的優劣差異。他說荊門一帶農村不善治堰，故水田的產量不高，「與平日相類」，意為與平常缺乏陂堰的農田相近。

水利工程興修之後，還需要長期維修，歷任官員皆重視此事則灌溉效益好，反之即壞。寧宗嘉定時期，黃幹知臨川縣，代撫州長官上奏陂塘之事，建議由通判、縣丞專責維修陂塘，他說：「江西之田瘠而多涸，非藉陂塘、井堰之利，則往往皆為曠土，比年以來，飢旱薦臻，大抵皆陂塘不修之故。莫若申嚴舊法，在州委通判，在縣委縣丞，先於每鄉籍記陂塘之廣狹深淺，方水泉涸縮之時，農事空閒之際，責都保聚民濬深其下，而培築其上，積水既多，則雖有旱暵，而未始枯竭，巡行考察，課其勤惰而為之賞罰」[56]。黃幹所謂江西農田「非藉陂塘、井堰之利，則往往皆為曠土」，顯然是就撫州等平衍農耕區域的條件而言。

種植業緊密依賴於自然環境，故而地區差異大。處於廬山腳下、鄱陽湖邊的南康軍，有「地勢雄秀，甲於東南」的優勢，同時存在陂塘水利廢而不修、農耕水平相對低下的劣勢。據朱熹的瞭解，這里民間「不勤力耕種耘耨，魯莽滅裂，較之他處大段不同」，「本軍田地磽确，土肉厚處不及三五寸。設使人戶及時用力，以治農事，猶恐所收不及他處。而土風習俗，大率懶惰，耕犂種蒔既不及時，耘耨培糞又不盡力，陂塘灌溉之利廢而不修，桑柘麻苧之功忽而不務。此所以營生足食之計，大抵疏略，是以

---

56　黃幹：《勉齋集》，卷二五，《代撫州陳守》五、陂塘。

田疇愈見瘦瘠，收拾轉見稀少」[57]。朱熹當時面臨嚴重旱災，救災為頭等大事，急需勸民勤力耕種，故所說可能太過，但基本是符實的，所說「本軍」，則主要是就星子縣而言。

## 三　李渠的維修與《李渠志》

袁州宜春李渠，其水來自清瀝江（在城西南六十里），江源出老山（在清瀝南十里），地名仰下（在仰山西），山頂有瀑布傾瀉而下，流為清瀝江。唐憲宗元和四年（809）袁州刺史李將順，開渠引水溉田，又進城穿城而過，至赤板橋，注入秀江石潭，獲得灌溉城西田地和城內給排水雙重效益。尤其是解決了袁州城地勢高，秀江低城數丈，難於汲水入城的困難。

北宋至道三年（997）、天禧三年（1019）、宣和六年（1124）對李渠進行過浚治維修，後又逐漸淤塞。南宋淳熙四年（1177），知州張枃徵調民夫修復渠道一五〇〇餘丈。城內原有用於防火的義井，被豪民侵占而淤塞已久，這次也明令收回，浚治復原。淳熙十年（1183），知州曹訓又組織疏濬過一次。這兩次疏濬工程都不徹底，城外的渠道很快又淤塞潰壞，變成了線狀小溝，城內渠道被不斷堆積的生活垃圾堵塞，污染嚴重，散發臭味，往往導致春夏季節疫痢流行。寶慶三年（1227），知州曹叔遠採納州學貢士李發的建議，對李渠進行了比較徹底的修復，使它仍能「引

---

57　朱熹：《晦庵集》，卷九九，《勸農文》。

仰山水至郡城，灌田二萬畝」[58]。修復竣工之後，編纂了《李渠志》，將所做的工程內容，「如某處用疏，某處用鑿，某處用堵，築某為斗若干以貯水，某為橋以便往來，某為減水溝若干處，接水溝若干處，與夫坊市地名，役夫條目及銓次，渠長、陂戶、甲戶等，悉有深謀遠慮」，逐一記錄下來，為後世瞭解李渠，以及進行必要的再次維修，留下了珍貴的參照資料。明萬曆重修《袁州府志》將《李渠志》收錄於卷四[59]。雍正《江西通志》卷十五袁州李渠下，轉錄了曹叔遠《修復李渠志》的五小段，約七百字。

### 1. 疏濬維修的工程

李渠的結構大致是，進入城內的水渠取水口在城西南十里處，為清瀝江下游官陂的陂口。渠水東流三十餘丈之處，鄉民破堤分水設置水碓，導致渠中水量減少，故此修復後禁止毀損堤防。渠道繼續往東流經獅子山下，這是一段狹窄的山谷地，分設三座斗門調節水位。東流約一百餘丈至城外的官圳巷，從這裡穿過城牆流入城內以前，被導入北邊的分水湖。分水湖面闊約二百丈，兼具調節水位和充當城壕兩大功能。這裡建有水閘，專責啟閉水閘的護渠者，在湖邊給屋三間，以便監視水位。

渠水進入城內的渠口處，建有深一丈、闊一點二丈的斗門，

---

58　光緒《江西通志》，卷六四，《水利》。

59　萬曆《袁州府志》，國內無存，只在日本國會圖書館、美國國會圖書館各收藏一本。

其上為祭祀水源神的仰山祠，藉以提高居民保護渠水清潔的意識，不向渠中傾倒糞尿塵芥雜物。渠水首先經過袁州衙署後圃，再入通判廳苑圃，然後在州學前往南拐，流入人口稠密的市街區，東向至貢院北面，穿過城牆流入秀江。袁州城在秀江邊，城高而江低，取水困難，往往招致火災。李渠水首先使高台地上的官衙供水方便，然後讓市街商業區居民用水更便利。

李渠經過這次修復，城外的渠道一般寬一丈，深三尺（唯茂林路旁一段極深）；城內渠道深六七尺，寬三尺以上。在城內的配套設施有：減水溝三條，接水溝三條，大小斗門三十七座（包括城外），大小橋二十七座（僅為城內）。減水溝是放水渠道，以備李渠水滿時溢水。接水溝相當於主幹渠上的支渠，起到擴大渠水流布地域的作用。在減水溝和接水溝上面，都架設有浚斗、橋樑。浚斗相當於防沙的堰。

## 2. 施工民夫的徵集管理

寶慶三年（1227）徵調的役夫，是農閒時在附近農民中徵派，付給飯食錢。役夫清晨集合於公庭，十五人為一甲，以不同顏色旗相區別，每甲分攤工地二丈；難度大的工段，兩甲承擔二丈。「中留二丈以次更竣，使役夫不相貿亂」。每甲派一兵卒擔任監督，每二甲派一胥吏監督，官員不定期赴現場檢察，以保證施工進度，工程質量。

民夫的「佣金一視市直」，即參照市面行情支付工錢，每晚由宜春縣丞徐徹、縣尉余紹、貢士李發三人交付役夫，不許胥吏有絲毫介入。由於勞作報酬每天兌現，「遠近聞之，荷鋪而至者

日幾千夫。方春小民艱食，賴此以濟者甚眾」，**[60]**即每天約有上千農民前來勞作，藉以度過春荒。月餘共計役夫十五萬人次。舊陂的修理和七百丈新堤的建築，由陂戶承擔，「以其習熟陂事」，也給予和役夫同等的飯食錢。

### 3. 渠道維護運營制度

水渠的維護管理，在唐代時已規定設渠長一人管理**[61]**，寶慶年間修復時，重視管理，規定得更具體細緻。《李渠志》指出，自唐以來，李渠即超過普通的溝渠，應作為朝廷振興水利的對象。所以，維護之責由本州主管官司負責，維修費用經轉運使裁定，報尚書省批准執行。為確保渠水正常流行，防止新的淤塞、潰壞和豪強侵占，決定設立由陂戶、甲戶、渠長共同負責的民眾管理制度。

陂戶，「陂戶乃佃氓」，指獲得渠水灌溉的農戶，共六十餘戶。每年六人輪流充當甲首，負責小規模的維修事宜，「令甲首喚集陂戶自行修整」。若需費用較多，先報渠長，由渠長再報官府申請補助。

甲戶，指城內的受益戶，將近二百戶，每五家編為一甲，相互監督，不准侵占、毀壞、淤塞渠道。禁止向渠中傾倒糞尿、垃

---

60 雍正《江西通志》，卷十五。「日幾千夫」，幾，作「幾乎」、「將近」解，不宜理解為幾個一千人。

61 樂史：《太平寰宇記》，卷一〇九，《袁州・宜春縣》：「李渠，刺史李將順於州西南十里修堰，引仰山水入城，通船。自亂後只開溝水（衍文）。引水入市，周流通達。置渠長一丈（誤，應為人）」。

圾及在渠上架設廚房、廁所。每三甲推舉一名甲首，經常進行檢查，有違犯者，報官予以處罰；若有渠道頹圮，告知渠長派人修濬。「內有甲首隱而不告，或因他人報知者，罪其甲首」。

渠長，在士紳中推舉「公心好義之士」十人擔任。舉凡渠道淤塞、侵占，以及陂頭、堤岸衝決等事，均需常加覺察，及時報告州縣，以便組織維修[62]。

### 4. 劃出調節區，確保渠水暢通

最緊要是渠水到西城下門口一帶堤岸，以前「常被城下壙塘租賃人不時盜掘放水，以至侵壞，及填塞作住屋，或據渠作廚廁等，使一城官渠之水斷阻不通」。曹叔遠將分水湖地段劃為調節區，起蓋官亭一座，面臨李渠，作為朝夕照管處所之用。這塊調節區地段，交付貢士李發掌管，「令專一檢察李渠入城下門口一帶水流通塞等事」。

曹叔遠主持的這次對李渠的疏濬及其《李渠志》，成了後世

---

62 本段對李渠及《李渠志》的敘述，主要依據雍正《江西通志》，並參考了日本學者斯波義信《江西袁州的水利開發》（見《宋代江南經濟史研究》，江蘇人民出版社 2001 年版，第 416-441 頁。）斯波義信一九八四年在《日本讀者》發表《論江西宜春的李渠》，刊載於《東洋史研究》。一九八八年作者出版《宋代江南經濟史研究》，在《局部地區事例》中以「江西袁州的水利開發」為題，再次詳論李渠沿革及其社會經濟背景，視野擴展至明清以後，敘述中將寶慶《李渠志》、道光《新修李渠分段丈量圖記》的內容連綴一起說。我這裡只寫南宋階段，是在雍正通志的片段基礎上，結合斯波義信的描寫，盡可能轉述南宋的史事。由於未見寶慶《李渠志》原文，鑑別史事難免有誤。這個缺憾，留待他日，若能看到寶慶《李渠志》時，定當再仔細校正。

繼續維修李渠的參照範本。曹叔遠其人也因而受到傳頌。他是溫州瑞安人，紹熙元年（1190）進士，《宋史》有傳。任袁州知州期間，還減秋苗斛面米七千四百餘斛，振興學校，郡稱大治，有「江南好官員」的聲譽。

李渠是宜春，也是江西地方的大型水利工程，社會名望很高。曹叔遠這次維修，確立受益民眾監督管理的運營制度，充分發揮士紳參與地方治理的才幹和積極性，有利於彌補州縣衙門施政中的缺失，避免庸劣官吏的腐敗而誤事。日本漢學家斯波義信認為：渠長「由州城紳士階層中選出十人充任，這似乎可以說是一種城市參議會的萌芽。他們持公正的立場審視城內外的水利長期的利害，作出判斷，負責執行，因而特別引人注目，值得重視」[63]。

## 四　糧食品種增多與耕作技術的提高

### 1. 早占稻和小麥播種地域的擴大

糧食品種有稻、麥兩大類，水稻之中又以早稻、晚稻為主要。早稻，即早占，早禾，南昌地區栽有八十日占，百日占，百二十日占等多個品類。晚稻又稱大禾，主要有粳稻、糯稻，糯米供釀酒。占谷生長期更短，不問肥瘠皆可種，穀粒小而無芒，出米率比較高，價廉，有利於接濟春夏口糧短缺，受到農民歡迎，

---

63　方健、何忠禮譯《宋代江南經濟史研究》，江蘇人民出版社二○○一年出版。

故而種植面積大。晚稻田要求田腳深、肥水足，生長期長，春種秋收，有的甚至延及四季，諺云「吃了四季水」，穀粒大而有芒，出米少而米質優，其價高。官府稅糧只要晚稻米，而鄉間百姓只吃早米。文天祥指出：「吾州（指吉州）從來以早稻充民飢，以晚稻充官租」[64]。不是太富裕的士人，也願意吃早米。玉山人趙蕃，曾任泰和縣主簿，在官清苦，辦事剛介，初夏時節經過撫州時看到：「早禾已秀半且實，晚禾已作早禾長」，聯想到自己回去後的生活，說：「我雖無田豈無圃，歸計不決空徬徨。翻憐買菜蘿占米，煙火燻人官道旁」[65]。種早禾，吃占米，已經普遍存在於江西各地。

提倡種麥，小麥播種地區擴大，是糧食農業發展的突出成就。南宋的偏安，以及北方人南遷增多，促進了對小麥的需求。從江南稻作地區來看，種麥主要是疏解了貧窮農民缺糧的困難。黃震勸導臨川縣農民種麥，指出種麥的好處是：「近世有田者不種，種田者無田，爾民終歲辛苦，田主坐享花利。唯是種麥，不用還租，種得一石是一石，種得十石是十石。又有麥稈，當初夏無人入山樵採之時，可代柴薪，是麥之所收甚多也」。[66]這篇樸實而直白的話語，完全是針對水稻農業占絕對優勢的地情說的，對像是貧苦的佃戶。種麥所收全歸佃戶，也是小麥向江南傳播過

64　《文天祥全集》，卷五，《與知吉州江提舉萬頃》之二。江西人民出版
　　社一九八七年版。
65　趙蕃：《章泉稿》，卷一，《撫州城外作》。
66　黃震：《黃氏日抄》，卷七八，《咸淳七年中秋勸種麥文》。

程中，在南宋階段尚處於「雜糧」地位的反映。

紹興初年，麥價上漲，一斛至萬二千錢，農民獲利，倍於種稻。「佃戶輸租，只有秋課，而種麥之利，獨歸客戶，於是竟種之」，出現江南農村麥田「極目不減淮北」的旺盛態勢。所說「江南」，主要指長江下游南岸地區，同時也應包括江西地區。到了南宋中後期，江西小麥種植地域擴大，已經是「十州皆種麥」。

撫州。陸游在撫州金溪縣看到：「林薄打麥惟聞聲」，「小麥登場雨熟梅」[67]，夏收割麥一片繁忙。臨川縣卻不是這樣，咸淳七年（1271），撫州知州黃震對當地不願種麥表示憂慮，他發表《勸種麥文》，說明種麥的好處，並具體分析小麥在這裡推廣緩慢的原因。他說：「且說江西，其地十州皆種麥，何故撫州獨不可種？撫州外縣間亦種麥，何故臨川界並小麥不可種？」

為什麼到了南宋末年臨川還不種麥？據黃震分析，不是自然條件不宜，而是人們觀念未改變，「只是撫州田土好，出米多，常年吃白米飯慣了，厭賤麥飯，以為粗糲。既不肯吃，遂不肯種。祖父既不留種，子孫遂不曾識聞。有碎米尚付豬狗，況麥飯乎」！黃震警示撫州民眾說：去年鬧大饑荒，未必不是不肯種麥的報應，如今趕快種麥，「既得稻熟，又得麥熟，貧者可以飽足，富者可以免擾，田裡相安，即是太平」。

從黃震的文告中，看到臨川水稻生產極盛，人們喜好吃米

---

67　陸游：《劍南詩稿》，卷十二，《小憩前平院戲書觸目》《遣興》。

飯，以碎米餵豬狗的習慣由來已久，深刻難移。以麥飯粗糲而不吃，意味著所種之麥非專指小麥，更有大麥、蕎麥之類的雜糧。

袁州。分宜縣農村水稻、大小麥、桑蠶都很旺盛。紹興年間，浙人孫覿路過分宜，寫所見田野景色：「老牯挽犁泥沒膝，剗剗青秧針水出。大麥登場小麥黃，桑柘葉大蠶滿筐。猿鳥初呼聚儔侶，繰絲百箔聞好語。比時物色不可孤，勸君沽酒提壺蘆」。[68]

吉州。對農村的觀察十分細緻的楊萬里，寫了大量詩文描述家鄉（吉水）農村種麥，例如「小麥田田種，垂楊岸岸栽」（《過平望》）、「稻雲不雨不多黃，蕎麥空花早著霜」（《憫農》）、「麥黃秧碧百家衣，已熱猶寒四月時」（《初夏三絕句》）；「桑眼未開先著椹，麥胎才出便生須」（《桑茶坑道中》）、「農言秧好殊勝麥，其如綠針未堪吃」（《晚春行田南原》）、「麥穗即看雲作帚，稻米亦復珠盈斗」（《觀小兒戲打春牛》）等等。蕎麥是麥中的一個品種，為農民喜歡的一種雜糧。

贛北的南康軍小麥播種面積也在增加。在孝宗淳熙年間，星子、都昌、建昌（今永修）三縣共種一四〇〇餘頃，其中最少的星子縣也有三百餘頃。這個成績的得來，基本上是農民經受了歷次災荒的苦難磨煉，為了在種水稻之外，還可借栽小麥而多一份口糧，減輕春荒挨餓的壓力所致。此外，每當水旱大災之後，官府發布「增種二麥指揮」，也有一定促進作用。不過，事後官員

們上報的統計數字，卻有虛假成分，不可全信。朱熹任南康軍知軍時曾經聽星子知縣王仲傑說：本縣今年所種已是增多，然實際不過六千餘畝，「未敢循習舊例，供申虛數」。舊例是，每次「皆是官司立定數目，行下鄉村，妄亂供申，公行欺罔」[69]。

　　贛東北的麥地不少，「麥飯」已經常見於一般人家。朱熹給德興縣友人葉元愷題詞說：「蔥湯麥飯兩相宜，蔥暖丹田麥療飢。莫道儒家風味薄，隔鄰猶有未炊時。」[70]

## 2. 耕作技術的評估

　　耕作技術逐步提高，主要是講究深耕細作，突出的事例是撫州金溪縣。陸九淵將農耕措施納入他的教材，對門生進行生動的教育，他說：

> 吾家治田，每用長大钁頭，兩次鋤至二尺許，深一尺半許外，方容秧一頭。久旱時，田肉深，獨得不旱。以他處禾穗數之，每穗谷多不過八九十粒，少者三五十粒而已。以此中禾穗數之，每穗少者尚百二十粒，多者至二百餘粒，每一畝所收比他處一畝，不啻數倍，蓋深耕易耨之法如此。凡事獨不然乎。時因論及士人專事速化不根之文，故及之。[71]

---

69　朱熹：《晦庵集》，卷二十，《與曾左司事目札子》。
70　《朱子大全集》補遺，《德興縣葉元愷家題》。
71　陸九淵：《象山全集》，卷三四，《語錄》上。

陸九淵在此並非推廣深耕經驗,而是在說明做學問要有紮實的基礎,規勸門生端正治學態度,去除浮躁毛病。可是他說出的事實,卻是耕作技術帶來的收益數據,測算精確,可靠性大。

陸家耕作的要點一是深耕,二是株距不能密,三是水飽肥足。收穫量,一個禾穗的穀粒比別處多一倍以上,則一畝可以頂二畝餘。

金溪的實例,反映了撫州、建昌軍乃至更多的州縣,種植業已經在精耕細作方面取得了很大成績。但是農耕的地區差異性極大,還有不少地方處於廣種薄收狀態。金溪縣西北部與臨川縣交界地帶的農田比較瘠薄,「率多旱田,耕必三犁,秋乃可望常歲」[72]。咸淳八年(1272),黃震指出撫州臨川農耕中的諸多毛病,如耕種不精細,「多有荒野不耕,桑麻菜蔬之屬皆少」;耙田時沒有人立耙上,而是「牛牽空耙,耙輕無力,泥土不熟」;疏於田間管理,「勤力者耘得一兩遍,懶者全不耘」;不願多施肥,「勤力者斫得些小柴草在田,懶者全然不管」;不進行冬耕,「收稻了田便荒版」,「盡被荒草抽了地力」[73]。反之,這五點正是普遍認同的先進耕作經驗。

有的縣由於土地貧瘠,農民的注意力沒有集中於耕作,顯得很粗放,例如南康軍星子縣,「耕種耘耨,魯莽滅裂,較之他

---

72　陸九淵:《象山全集》,卷九,《與張季海》。
73　黃震:《黃氏日抄》,卷七八,《咸淳八年春勸農文》,《咸淳九年勸農文》。

處，大段不同，所以土脈疏淺，草盛苗稀」。[74]至於丘陵山地中的冷漿田，耕作技術與畝產量就更不如了。

吉州泰和農村插秧，繼續使用秧馬，充分利用它輕巧好用，可以達到「意會規矩無差池」的插秧效果：「江南二月秧事急，水田千畝肩雁隨。壁間木馬忽溜沸，欻若起廢逢明時。背輕腹滑騎不躓，昂昂首尻高過犁。方畦曲畛翠分路，意會規矩無差池。[75]

曾安止侄孫曾之謹，「追述東坡作歌之意」，編撰出稻田耕作用具的《農器譜》，彌補了《禾譜》的缺陷。陳振孫《直齋書錄解題》卷十載：「農器譜三卷，續二卷。耒陽令曾之謹撰」，現原書遺失，周必大嘉泰元年（1201）說：《農器譜》內容「凡耒耜、耨 、車戽、蓑笠、 刈、筱簣、杵臼、斗斛、 甌、倉庾，厥類惟十，附以雜記，勒成三卷。皆考之經傳，參合今制，無不備者。」又說：「其敘牛犁，蓋一編之錧鎋」[76]。

曾之謹把《農器譜》與《禾譜》配套，寄給陸游。陸游對他們祖孫的作為非常讚賞，特寫《耒陽令曾君寄禾譜、農器譜二書求詩》，詩曰：「歐陽公譜西都花，蔡公亦記北苑茶。農功最大置不錄，如棄六藝崇百家。曾侯奮筆譜多稼，儋州讀罷深咨嗟。一篇秧馬傳海內，農器名數方萌芽。令君繼之筆何健，古今一一

---

74 真德秀：《真文忠全集》，卷九，《江西奏便民五事》。
75 劉跂：《桂隱詩集》，卷二，《秧馬歌和蕭養吾》。
76 周必大：《文忠集》，卷五四，《曾氏農器譜題辭》，又見《文獻通考》，卷二一八。

辨等差。我今八十歸抱耒，兩編入手喜莫涯。神農之學未可廢，坐使末俗漸浮華」。[77]陸游此詩對歐陽修、蔡襄所著書的批評不無偏激，而且忘記自己在淳熙五年（1178）也寫過成都的《天彭牡丹譜》。但他積八十餘年生活閱歷，對農民的貧苦境況有深切體會，因而注重農桑。立足於南宋的社會現實和生產技術水平，對他的批評是可以理解。在耕讀傳家的處世觀念中，耕是最基本的，因而對《禾譜》、《農器譜》格外看重。趙蕃批評豆麥不分的輕視農耕現象，強調曾氏的著作有利於溫飽。他說：「屠龍先生曾夫子，著書斤斤良有以。往曾持獻儒林蘇，為歌秧馬附書尾。髯孫知我此書愛，遺我殷勤意何在。世人菽麥或未分，而翁有意除稊稗。我今一官故不堪，此書歸田為指南。便當教兒罷群讀，讀此寧憂飯不足」[78]。

農耕經濟對自然條件的依賴性很強，表現為地區差異明顯，即便是相對發達的州軍，各縣的發展也不平衡。當地方官發布勸農文之時，將注意點集中在不足之處，人們就能瞭解這裡存在的問題。例如洪州，吳泳《隆興府勸農文》，不說其「壤平沃而民物繁」，而把吳中（蘇州、湖州）與之比較，說吳中稻一歲再熟，蠶一年八育，而豫章「湖田多，山田少，禾大小一收，蠶早晚二熟」。又說人的勤惰不同：

---

77　陸游：《劍南詩稿》，卷六十七。歐陽修著《洛陽牡丹記》（一作《牡丹譜》）；蔡襄著《荔枝譜》、《茶譜》。「六藝」，指儒學六經。
78　趙蕃：《淳熙稿》，卷六，《二月十日夜雨起書曾移忠禾譜後》。

吳中之民，開荒墾窪種粳稻，又種菜麥麻豆，耕無廢圩，刈無遺壟。而豫章所種，占米為多，有八十占，有百（日）占，有百二十占，率數日以待獲，而自餘三時，則舍穡不務，皆曠土，皆遊民也。所以吳中之農專事人力，故諺曰：「蘇湖熟，天下足」，勤所致也。豫章之民只靠天幸，故諺曰：「十年九不收，一熟十倍秋」，惰所基也。[79]

吳泳是淳祐五年（1245）前後任隆興府知府，這篇勸農文反映的是南宋後期的南昌農業情況。他運用文學的對比筆法，在「勸農」的善意中，對吳中與豫章的種植業都不免偏執一端，然而所揭示的問題則不容忽視：「湖田多，山田少」，應是鄱陽湖濱的南昌、新建的景象，喜歡種占谷，習慣三時農閒，「豫章之農只靠天幸，故諺曰『十年九不收，一熟十倍秋」，這種民俗現象的存在，可能是自然條件優越、生存競爭還不激烈所致。正視這個事實，對全面而客觀地認識南昌地區的農業面貌，具有珍貴的資料價值。

果木花卉栽培經驗、嫁接技術，隨著別墅園林增多，為更多人所掌握。士大夫總結出來的種花的成功經驗是：春分和氣盡，接不得；夏至陽氣盛，種不得；立春正月中旬，宜接櫻桃、木樨、徘徊黃薔薇。正月下旬宜接桃、梅、李、杏、半丈紅、臘梅、梨、棗、栗、柿、楊柳、紫薇。二月上旬可接紫笑綿、橙、

---

79 吳泳：《鶴林集》，卷三九，《隆興府勸農文》。

匾橘。這些果木的種接要訣是：於十二月間沃以糞壤兩次，至春時花果自然結實。立秋後可接金林檎、川海棠、黃海棠、寒球、轉身紅、祝家棠、梨、葉海棠、南海棠。這些花卉的接種法，要在嫁接時將頭與木身皮對皮，骨對骨，先用麻皮緊纏，然後用箬葉遮蓋完密，待萌生新芽稍長，即撤去箬葉，無有不成功的[80]。

## 五 農村民俗

農民在長期農桑耕作生活實踐中，結合本地常年的氣象變化，水稻、桑蠶等作物生長過程，以及與官府打交道的體會中，歸納出一些帶規律性的農作經驗，對生活方式的利弊取捨，提升為人生經驗，相互傳授，形成鄉間風俗。從洪州進賢傳播到饒州德興的一首詩，描述了務農終生的好處：

仕宦之身，天涯海畔。行商之身，南州北縣。不如田舍，長相見面。門無官府，身即強健。麻麥遍地，豬羊滿圈。不知金貴，唯聞粟賤。夏新絹衣，秋新米飯。安穩眠睡，值千值萬。我田我地，我桑我梓。只知百里，不知千里。我飢有糧，我渴又水。[81]

此詩不知何人所作，但一再流傳，有士人將它寫於旅舍，再

---

80　張世南：《遊宦記聞》，卷六。
81　《遊宦記聞》，卷八。

有縣官將其刻石於衙門，以後張世南以為此詩「言近而意切」，遂筆錄於《遊宦記聞》中。此詩也許是地方官「勸農」之作，描述的是自耕農生活，別開了官府征催賦稅差役，與豪強的侵漁敲詐，水旱災害的困境也不顧及。僅就自給自足的田園情趣而言，卻也是仕宦、行商所不及。限於南宋的交通水平，旅行途中驚險環生，不如田舍，長享家庭歡樂。地有麻麥，圈有豬羊，夏穿新絹衣，秋食新米飯，可以安穩睡，身體很強健。人生的溫飽安居追求，在這裡全有了，對應於戰亂飢寒艱迫，不失為安居環境中的桃園生活，是江西盆地農業富庶一面的寫照。

世代的農耕實踐，積累的關於天氣的農諺：

「日出早，雨淋腦；日出晏，曬殺雁。

月如懸弓，少雨多風；月如仰瓦，不求自下」[82]。

吉州農民傳授的氣象經驗是：

四月甲申，農夫占曰：「四月、十月雨甲申，其兆為旱」。

五月戊申，夏至，「是日五更占風，北風為豐年，人皆開倉；南風，則閉倉」。

十月癸丑，農民「是日以青箬裹粢飼牛，而取其餘涂牛角，使鸜鵒食之，欲其為牛撮蜞蝨云。」[83]

農村的生產、生活風俗，從詩人的作品中看到的有：

打春牛。正月立春日，農家製作土牛，小兒身穿蓑衣，頭戴

---

82　羅大經：《鶴林玉露》，卷三。
83　周必大：《文忠集》，卷一六六，《閒居錄》。

斗笠，執鞭趕牛，作耕田狀，祈望今年水稻豐收，能夠吃飽飯，不挨餓。

插秧。夫妻、兒子全都參與，不論晴天雨天，搶時間栽插，還要看住鵝鴨，不讓下田破壞剛栽的禾苗：「田夫拋秧田婦接，小兒拔秧大兒插。笠是兜鍪蓑是甲，雨從頭上濕到胛。喚渠朝餐歇半霎，低頭折腰只不答。秧根未牢蒔未匝，照管鵝兒與雛鴨。」[84]

上元繭卜。正月上元日夜晚，磨米粉漿，燙成皮，細切成絲，寫某句古語置粉絲中，卜占各人一年的禍福，這稱為「繭卜」。一般男孩默祝考中進士得官，女孩則祈求蠶兒長得好。楊萬里在家過年的時候，也會逢場作戲，跟著兒女們祈禱。他說：「兒女炊玉作繭絲，中藏吉語默有祈。小兒祝身取官早，小女只求蠶事好。先生平生笑兒痴，逢場亦復作兒嬉。不願著腳金華殿，不願增巢上林苑。只哦少陵七字詩，但得長年飽吃飯。心知繭卜未必然，醉中得卜喜欲癲。」[85]

農民期盼風調雨順，然而豐收穀賤。人們感嘆貴賤難平，詩曰：「春大飢，斗粟不易娉婷姬。秋大熟，三錢直買一斗粟。人間貴賤反掌異，賤未可輕貴難恃。君不見，土龍百拜還為塵。病

84　楊萬里：《誠齋集》，卷十二，《觀小兒戲打春牛》；卷十三，《插秧歌》。
85　楊萬里：《誠齋集》，卷五，《上元夜裡俗，粉米為繭絲，書古語置其中，以占一歲之福禍，謂之繭卜，因戲作長句》。

駒秌豆乘錦裀，人間貴賤元無真」。[86]

農民釀酒，喜歡釀造紅麴酒，至秋末以後食紅酒糟，蔬菜魚肉率以拌和，更不食醋。信州人家在冬天以紅酒糟煮鯪、鯉魚肉。寓居信州的莊綽說，市場所賣的鯪鯉乃穿山甲。

## 第三節 ▶ 糧食產量與輸出的增多

江西諸州以產糧著稱，號稱富饒，尤其是鄱陽湖區、贛江中游的隆興、饒州、撫州、吉州等州軍，「皆平原大野，產米居多」。人們讚譽吉州「一千里之壤地，粳稻連雲，四十萬之輸將，軸艫蔽水。朝廷倚為根本，民物賴以繁昌」[87]。到了南宋時期，由於梯田廣泛墾種，播種面積擴大，以及小麥種植日益普遍，江西地區繼續保持著糧食豐足的經濟優勢。如上所述，陸九淵家鄉的水稻畝產量很高，按他數出的穀粒推算，畝產量比別處高兩倍。贛江中下游兩岸，種植業素來發達，是著名的產糧區。紹興、乾道年間，張孝祥在江西任撫州知州之後，再去長沙，路過臨江軍清江縣界，在地名九段田一帶農村，見快要收割的稻田「沃壤百里，黃雲際天」，十分感嘆：「他處未有也」。他認為，九段田的價值，即便是赴嶺南的富商巨賈也買不到，真想棄官隱

---

86　劉詵：《桂隱詩集》，卷二，《貴賤吟》原註：「庚午大飢，天下死者相望，秋大熟，谷反大賤」。

87　李正民：《大隱集》，卷五（上），《吳運使啟》。

居在此。江西糧食總量增加的趨勢，可以從本地消費、向外輸出兩方面窺見一個大概。

## 一　本地食用與外銷的大米

　　本地糧食消費量隨著人口增加而上升。南宋江西人口的增加，突出表現在紹興以後。以同等地域的「江南西路」人口衡量，北宋崇寧元年（1102）為三六四點三萬餘人，南宋嘉定十六年（1223）為四九五點八萬餘人，淨增一三一點五萬餘人，超過崇寧數的三分之一。假設平均每人每年食糧三石稻米，則共需三九四點五萬餘石。這就意味著口糧消費增加了約四百萬石，也就是糧食總產量之中至少增加了這麼多。以五百萬人口估算，共需食用一五〇〇萬石稻米，相當於宋朝每年漕米的二點五倍。實際上按人消費的糧食中，還有釀酒需用的糧食，飼養家禽、家畜所耗的米穀等。釀酒所耗之米，不僅是糯米，還有充飢的秈米、粳米。在撫州民間多飲紅酒，「不獨醞釀秫米，又　壞食米為紅麴」。所造紅麴，還大量銷往外地。在臨川、崇仁接境一帶的白虎窠、上城、馬嶺、航埠、眾湖等處，有一批製造紅麴的專業戶，產品「公然發販與四方民旅，如衢州、龍游，遍賣鄰路」[88]。

　　糧食輸出主要表現在兩方面：定期向官府輸送的漕糧，向周邊州縣供應的食糧。南宋時期江西每年提交的漕糧數額巨大，遠遠超過北宋時期。僅就江南西路而論，北宋時每年交納漕糧一二

〇點八九萬石，在東南六路中居第三位，南宋紹興後期，已是二百萬石。吳曾寫於紹興二四至二七年（1154-1157）的《能改齋漫錄》說：「惟本朝東南歲漕米六百萬石，以此知本朝取米於東南者為多。然以今日計，諸路共六百萬石，而江西居三之一，則江西所出為尤多」。不僅如此，在看到這個三分之一的時候，不妨考慮整個江西地區，將饒州、信州、南康軍提供的漕糧加進來（同時減去興國軍的數額），則將超過二百萬石之數。南宋常年駐守在建康府、池州、江州的大軍，軍糧供應，主要依靠饒州、吉州、撫州、臨江軍、建昌軍等地。例如，臨江軍只轄三縣（清江、新喻、新淦），每年的稅米卻有一二五五四三石餘，其中上供一一〇五四三石餘，都是運往鎮江、建康、池州交卸。吉州提供的漕糧通稱四十萬石，《宋會要輯稿》食貨五十之二五記乾道九年「吉州一歲米三十七萬石」，超過了蘇州（34萬石）、常州（34萬石）、嘉興（30萬石）。

對周邊地區的糧食供應，從零星的事例中看出數量很大。浙江西路的太湖地區、荊湖南北路之間的洞庭湖地區，都是盛產糧食的富庶之鄉，但當災荒降臨的年份，也需要鄱陽湖地區的糧食接濟。例如紹興十四年（1144），浙中艱食，「江西諸處客販俱來，所全活者不可勝計」。孝宗時期，曾經「糴洪、吉、潭、衡軍食之餘，及鄂商船，並取江西、湖南諸寄積米，自三總領所送輸，以達中都，常使及二百萬石」。在這經常輸送的二百萬石米之中，雖然是從江西、湖南兩地輸送，然而可以肯定，洪、吉等州不會是少數。徽州地區多山，林產品豐盛而糧食不足，口糧供應經常緊張，仰賴鄱陽湖區糧食補充，地方誌中寫道：徽州「民

以茗、漆、紙、木行江西，仰其米自給」[89]。

饒州素來是魚米之鄉，糧食輸出區。紹興中，程邁知饒州，奏請「蠲舟車征算，增米價以來遠商，察征商諸弊，使不得為梗。未幾，米暴集，閱數至六十餘萬斛，價為之損半，民食大足，而羨余及於徽、信二州。」[90]程邁的措施切實可行，消除了阻礙糧食進入市場的弊病，饒州鄱陽湖區農民的米穀遂順利進城交易，「暴集」而至六十餘萬石，可見糧多。能接濟徽、信二州，又表明了饒州糧食的影響地域。

長江下游的建康府（今南京市），航運交通十分便捷，市場交易頻繁，故而幾十萬居民的口糧，憑藉糧商供應，多般來自上江客商販運江西、湖南糧米銷售，「客人多自江西、湖南運觚斗、竹木前來」。巨大的市場需求，吸引商人多販米謀利，例如慶元三年（1197）六月二十二日，鄱陽「城下一客舟載米三百石」，「將載往下江取厚息」，即是要運往建康高價出賣。建康府是長江下游重鎮，臨安朝廷的第一大屏障，駐紮著「天下勁兵良馬」，每年食糧需「數十萬斛」，主要仰賴長江上流運來，一旦供應形勢惡化，建康府就處於十萬火急之中。因此，「米價低昂之權」，操在糧商牙儈之手[91]。

有的奸商甚至在米糧中摻砂、加水，坑害買米度日之人。上

89　《淳熙新安志》，卷一，《風俗》。
90　光緒《江西通志》，卷一二六，《宦績錄》。
91　周應合：《景定建康志》，卷二三，《城闕志四‧諸倉》。

述鄱陽城下的米商，在三百石米中「皆以水拌濕，仍雜糠殼夾和」。還有樂平人許德和，聽說饒州城下米麥價高，令僕人董德押一船去糶賣，運至饒州，價又上漲，董德「用沙礫拌和以與人，每一石又贏五升」[92]。

贛州、吉州兩地的糧食經常運銷湖北。南宋中期，鄂州糧食市場的米穀，有一部分來自贛、吉等地。朱熹在南康知軍任上主持賑災時，向江東轉運司報告說：「聞得贛、吉諸州及湖北鼎、澧諸州皆熟，得湖南詹憲書云：湖北米船填街塞巷，增價抬邀，氣像甚可喜。欲乞更與帥相商度，乞奏指揮兩路，不得阻節客販，許下流被害州軍徑具奏聞，重作行遣」[93]，即是建議疏通糧食運輸通道，以便贛、吉、鼎、澧等州稻米運出米穀，不僅進入鄂州市場，也能接濟江州以下的受災缺糧地區。

## 二　秋糧與和糴米

作為賦稅上交朝廷的秋糧，以及以和糴名義上供的糧食也在增加。從北宋開始，江西已經是國家的重要糧食供應基地，到了南宋，這個糧食基地的分量進一步加重。上述江西每年漕運的糧食為二百萬石，而饒州、信州、南康軍的漕米不在其中。例如饒州，每年田租十二萬石「皆輸大農，謂之上供」，此外還有官兵

---

92　洪邁：《夷堅志》，補卷二五，《鄱陽雷震》；丁志卷二十，《許德和麥》。

93　朱熹：《晦庵集》，卷二六，《與漕司畫一札子》。

米每月為七千石，一年則是八四〇〇〇石，「皆取給其入之贏」[94]，兩項合計每年為二十點四萬石。所以，二百萬石還不是江西全境的漕運總量。江西地區的巨量漕糧，對維繫南宋統治實在緊要，周必大在家塾策問中告訴子弟們：「有司不為九年之蓄久矣，所恃者豐登也。今江浙水溢，大傷民田……又況巴蜀之粟遠不可漕，湖廣之地瘠無所入。大江以西，七閩以南，偏方下土，竭力以贍軍國之用，亦難矣。計臣拱手，君相盱食」[95]。江西作為國家的財賦基地，尤其是糧食供應重點地區，南宋君相心中時刻在惦唸著。

秋糧有大致固定的數額，和糴則不定時、不定額，根據形勢需要而臨時決定。與相鄰的湖北比較，可以更清楚看到江西所占的分量。光宗紹熙末年（1194），湖北安撫使彭龜年鑒於農業不振，暫停湖北和糴，他上疏說：去年朝廷以江湖小熟，下令江陵和糴十萬石，只勉強得到七萬石，卻使鄉民飢餓，請將欠下的三萬石暫緩收糴。他的理由是：「臣自江西以入湖南，所到去處，皆病於此，及入湖北，愈覺益甚。去歲江陵雖正蒙朝廷拋降和糴米十萬石，緣湖北地廣人稀，耕種滅裂，種而不蒔，俗名漫撒。縱使收成，亦甚微薄，每到豐稔之年，僅足贍其境內」[96]。

朝廷在江西的和糴數量，一向巨大。紹興前期，經常是幾十

---

94　真德秀：《西山文集》，卷四五，《少保成國趙正惠公墓誌銘》。
95　周必大：《文忠集》，卷十三，《家塾策問》。
96　彭龜年《止堂集》，卷六，《乞權住湖北和糴疏》。

萬石。紹興末年至孝宗初年幾次數額都很大。紹興三十年（1160）九月，依戶部意見，江西路椿集上供米九十七萬石，同時江東路也椿集上供米八十五萬石。隆興元年（1163）七月，戶部提出，「江東路糴三十萬石，支降本錢六十萬貫；江西路糴二十萬，支降本錢四十萬貫」，收糴到的米並赴江州安頓，備軍隊支用。九月，戶部再次上奏說：「江西累歲豐熟，米價低平，乞收糴米一百萬石，以備支使」。隆興二年（1164）八月，再要江西和糴米一百萬石，「乞依（去）年例下隆興府、吉州、筠州、江州、撫州、臨江軍、贛州、建昌軍收糴，並限來年二月終一切了畢，起發淮東總領所送納」。[97]這連續幾次的大量收糴，都是就江南西路而言，點到的隆興府等八個州軍，既是盛產稻米之地，也都在贛江沿線，便於漕運。

吉州是著名的產米大州，在江西米糧輸出中占絕對優勢。紹興年間吉州知州李正民，不無表功之意地說提供了四十萬斛漕糧：「江西諸郡，昔號富饒。廬陵小邦，尤稱沃衍，一千里之壤地，秔稻連雲，四十萬之輸將，舳艫蔽水。朝廷倚為根本，民物賴以繁昌。」孝宗以後吉州的漕糧負擔依然很重，袁燮寫吉州通判趙善待的政績時說：

趙善待……攝郡政。時方和糴，吉當十萬石，吏白本錢未降，而省符屢趣均之諸縣。善待曰：今八縣之民輸米郡倉，斛計

---

97 《宋會要輯稿》，食貨四十之三七。

四十八萬，凡水腳等費，皆變米得錢，市商謀利，由是傷農，其可重擾乎？若使以米代錢，公私俱便。民果樂從。比新守至，糴已足，以課最，除知岳州。[98]

吉州所轄八縣是：廬陵、吉水、安福、泰和、龍泉、永新、永豐、萬安。它們交納的秋糧為四十八萬斛，這次和糴十萬石，再加水腳等費折米，合計超過五十八萬石。如果說和糴是臨時性的，那麼常年交納的秋糧包括水腳雜費，至少應是五十萬石左右。在自給自足經濟條件下，農民有糧，然而缺錢，所以採取「以米代錢」措施之後，很快「糴已足」，滿足了官府的要求，趙善待因此陞遷，更證明吉州糧食產量充足。

吉州通判趙善待的事蹟，與乾道元年（1165）知吉州葛立象獲獎的事實可以互相印證。這年正月十一日詔令說：

知吉州葛立象措置和糴米三十萬石，職事修舉，特轉一官。立象言：吉州守臣和糴米三十萬石，除已起發外，用過水腳靡費一十七萬三千二百七十餘貫，兵梢食米八百九十餘石，並系本州節省用度，專一樁充上件起綱支遣。[99]

在隆興元年、二年江南西路連續兩次都是和糴米一百萬石，

---

98　袁燮：《絜齋集》，卷十七，《趙善待墓誌銘》。
99　《宋會要輯稿》，食貨四十之四十。

373

吉州一地即占十分之三，而且支付了全部「水腳靡費」和役兵、船工的口糧。由此看出，吉州確實糧多而富裕。

江西長年的巨額糧食運輸，必然帶來運輸本身的問題。紹興三十年（1160）八月二日朝中官員們的議論漕運的經營方式，是採取江南西路式的官辦還是江南東路式的商辦，議論者顯然反對江西的「一綱例行賂七百緡始得之，皆胥吏輩為奸」腐敗經營，讚賞江東「雇客舟及水手以往，客人愛護其舟，亟去亟還，不肯留滯」的經濟效果，改變「一切仰給於官」的管理制度。這次命江西「相度造舟與僱舟利害」的結果，未見下文。但是，在寧宗嘉定十二年（1219）三月三日，臣僚上言追述的情況，與此有一定關係。他們說：「以江東漕司言之，江西路舊例應付江東漕司三百料船一百八隻，卻撥蘆（？）、麻皮以償之。紹興以後減免一半，合拘五十四隻。淳熙間，亦嘗拘到一百八十餘隻。……目今並無船隻，遇有搬運，旋雇客船，多致欠折」[100]。於此可見，江東漕運的維持，有賴於江西路提供的漕船，而其僱用客船的辦法，也不是沒有問題。

乾道二年（1166）七月四日，戶部鑒於江西漕運存在虧損數額大，管押使臣及兵梢沿路侵盜的問題，也有「上江灘磧，舟船阻滯」的困難，建議江西轉運司在隆興府「踏逐順便高阜去處，改造轉般都倉一所，官吏令運司就差，上流諸州縣合發米斛，自受納之日，便差定本州使臣，或現任寄居官計置舟船，每及三千

---

100 《宋會要輯稿》，食貨五十之三三。

石及萬石為一綱，支給水腳靡費等錢，先次起發，不必拘定」，逕自押赴江州、池州、建康府、鎮江府等處轉般倉交納，應付軍儲[101]。採取這種方案運輸的米穀占各軍每年的三分之一，另外三分之二由軍隊自己差撥官兵前往隆興府裝運。隆興府增設的這個「轉般都倉」，起著集中和轉輸的駁接作用。

## 第四節 ▶ 茶葉蠶桑等經濟作物生產

### 一 茶產量與茶稅利害

從北宋開始，茶在人們日常生活中已經不可缺少，正如王安石所說：「夫茶之為民用，等於米鹽，不可一日以無」。茶葉生產者主要是農戶，此外還有寺僧。黃檗山、廬山的茶葉都與佛寺相連，浮梁縣東鄉寺有自己的山中茶園，慶元三年（1197）冬，寺僧法淨「以暮冬草枯之際，令童行挈稻糠入茶園培壅根株」[102]。到了南宋，江西種茶與制茶業繼續發展，產量很高，經濟收益很大。

#### 1. 高額的產量

建炎二年（1128 年）八月，提領措置東南茶鹽的梁揚祖，「以措置就緒」，由徽猷閣待制升為直學士。他定的茶葉貿易政

---

101 《宋會要輯稿》，食貨四四之九。
102 洪邁：《夷堅志》，三志己卷二，《東鄉僧園女》。

策，繼續了徽宗政和（1111-1118）開始實行的官不置場收買，亦不定價，只許「茶商赴官買引，就園戶從便交易，依引內合販之數，赴合同場秤發。至今不易，公私便之」[103]。這種政策的特點是，官府控制著商品茶貨的來源，通過商人販易開去的間接專賣。處於官府、茶商、茶農三者之間的關節點就是「茶引」。茶商將錢或金帛交京師榷貨務買引，「茶引」寫明數量和取茶地點，憑此茶引才能在茶場秤到茶，然後持引攜茶販賣。這個「至今」是指紹興後期。自梁揚祖開始，「其後歷三十年，東南歲榷茶以斤計者，浙東七州八萬；浙西五州四百四十八萬；江東八州三百七十五萬；江西十一州四百四十五萬；湖南八州一百一十三萬；湖北十州九十萬；福建五州九十八萬；淮西四州一萬；廣東二州二千；廣西五州八萬。皆有奇，合東南產茶之州六十五，總為一千五百九十餘萬斤，通收茶引錢二百七十餘萬緡」[104]。

在這個統計數中，浙西最多，江南西路第二，比浙西少三萬。全江西地區則不止四四五萬斤。江東產茶的八州是：宣、饒、徽、信、池、太平州、南康、廣德軍；江西產茶州十一個：隆興府、贛、吉、袁、撫、江、筠州、建昌、興國、臨江、南安軍。將隸屬江東路的饒州、信州、南康軍的產量移過來，江西的數額還要提高，但是沒有分計數，不能具體算出。這個難題從下

---

103 《宋會要輯稿》，食貨二九之十六。

104 李心傳撰、徐規點校《建炎以來朝野雜記》，卷十四，《總論東南茶法》記錄這段資料後說：「系紹興三十二年數」。在「收茶引錢二百七十餘萬緡」之後註：「淳熙初，歲收四百二十萬。」

面的統計數中，可以比較好地解決。

《宋會要輯稿》載入《中興會要》所錄「戶部左曹具紹興三十二年（1162）諸路州軍所產茶數」，抄列如下：

浙江東路 1,063,020（斤）　　浙江西路 4,484,615（斤）
江南東路 3,759,226　　　　　江南西路 5,383,468
荊湖南路 1,125,846　　　　　荊湖北路 905,845
福建路 981,669　　　　　　　淮南西路 19,257
廣南東路 2,600　　　　　　　廣南西路 89,736
諸路合計 17,815,282 斤。

上列兩組數據，都是紹興三十二年的，但後者更多，不知其中緣故。在後一組統計數中，江南西路高居第一，占總產量的百分之三十點一二。

孝宗乾道年間的茶產量，各地都有不同，總數比紹興末年減少十多萬斤。在各路中的名次，第一位仍然是江南西路，占總數的百分之二十九點八二，比第二名的浙江西路多五十二萬餘。《乾道會要》統計數如下[105]：

浙江東路 841,265（斤）　　浙江西路 4,739,216（斤）
江南東路 3,741,380　　　　江南西路 5,260,190
荊湖南路 1,074,700　　　　荊湖北路 866,880
福建路 1,037,884　　　　　淮南路 22,951
廣南東路 2,100　　　　　　廣南西路 52,528

105 《宋會要輯稿》，食貨二九之二〇至二二。

諸路合計 17,639,094 斤。

在江西本地區，十三州軍的產量，還需要從每個產茶州軍的數量中累計起來。據戶部左曹的資料，紹興末年在江南東、西路中，屬於江西地區的十三州軍茶產量為：

隆興府（靖安、新建、分寧、奉新）2,819,425 斤；

江州（德化、瑞昌、德安）1,465,250 斤；

饒州（鄱陽、浮梁、德興）135,555 斤 3 兩；

袁州（宜春、萍鄉、萬載、分宜）90,683 斤 2 兩；

南康軍（星子、建昌）39,149 斤；

撫州（臨川、崇仁、宜黃、金溪）21,726 斤 12 兩 4 錢；

信州（上饒、鉛山、弋陽、玉山、永豐、貴溪）10,931 斤；

吉州（廬陵、永新、永豐、泰和、安福、萬安、吉水、龍泉）10,780 斤；

贛州（瑞金、贛縣）10,400 斤；

建昌軍（南城、南豐、新城、廣昌）9,580 斤；

筠州（高安、新昌、上高）8,316 斤；

臨江軍（清江、新喻、新淦）6,603 斤；

南安軍（大庾、上猶、南康）4,150 斤；

合計：4,632,549 斤 1 兩 4 錢。

江西十三州軍茶葉產量合計數，在上述諸路總計數中占百分之二十六，高居首位。產茶地點遍及全境，列出的縣數四十九個，占全部縣數六十八個的百分之七十二點〇五。

在南宋十路產茶州軍之中，產量超過一百萬斤的有七個，即：臨安府、嚴州、寧國府、徽州、隆興府、江州、潭州，其中

以隆興府產量最多，達二八一點九萬餘斤。這七個主要茶產地集中在浙江、江西兩地。

孝宗時期的《乾道會要》登录的統計數中，江西各州軍產茶的分計數繼續增加，分別為：

饒州（鄱陽、浮梁、德興）107,140 斤；

信州（上饒、鉛山、貴溪、弋陽、永豐、玉山）10,200 斤；

南康軍（星子、建昌）473,490 斤；

隆興府（南昌、新建、分寧、武寧、進賢、奉新、豐城、靖安）3,041,010 斤；

江州（德化、瑞昌、德安）1,486,720 斤；

筠州（高安）14,100 斤；

吉州（廬陵、吉水、永豐、安福、永新）9,700 斤；

袁州（宜春、分宜、萍鄉、萬載）30,700 斤；

贛州（瑞金）7,400 斤；

撫州（臨川、崇仁、宜黃、金溪）3,600 斤；

建昌軍（南城、南豐、廣昌、新城）9,400 斤；

臨江軍（清江、新淦、新喻）6,900 斤；

南安軍（大庾、南康、上猶）3,500 斤。[106]

以上十三州軍合計：4,733,860 斤。

比紹興末年增十萬餘斤。

各州軍實際買茶的數額又有不同。由於當地的需求和商販運

---

106 《宋會要輯稿》，食貨二九之四至五。

銷的差異，買茶數和產茶數量不一致。例如饒州買茶五十五萬餘斤，撫州買茶十萬餘斤，都比產茶額高出許多；洪州買茶一六〇萬餘斤，江州六十九萬餘斤，都比乾道產量數明顯減少了。而虔州、吉州、南安軍「無茶額，只納折稅茶，充本處食茶出賣。」

茶葉產量的這些事實，充分體現了江西茶葉生產的旺盛趨勢及其突出地位。

### 2. 江西茶利關係著南宋國計

江西盛產茶葉，茶利豐厚，茶商多半願意來江西買茶，官府也更多地指定茶商到江西取茶，故而江西茶「皆系巨商興販」，對全局關係重大。紹興和議之後，宋金之間的邊境貿易逐漸復甦，並有所發展，江南茶葉北去的貿易也在民間活躍起來。儘管南宋官府多方禁止，但終究不能斷絕。紹興二十八年（1158）十月，江東茶鹽司向刑部報告：「冒法之人請買茶引，搬販茶貨，經由渡口，載往淮南，私拆散賣。卻收執原引驢面過江，私織籠篰，重疊影販私茶」。[107] 這是商人在官府壟斷茶葉貿易的鐵網中間，進行茶葉走私貿易。其手段是利用合法茶引的前半部分——「驢面」，重複販運茶葉過江。這次刑部通過朝廷下令，嚴格審查茶引的使用手續，但效果不佳，邊境茶葉走私繼續衝擊官府的茶葉專賣利益。

乾道三年（1167）七月，戶部侍郎方滋等人建議朝廷派人前往江西，組織貨源，整頓邊境茶葉榷賣。方滋等人說：自南北通

---

107 《宋會要輯稿》，食貨三一之十二。

和之後，邊境榷場貿易興盛，茶引錢理應增加，但是現在出賣的茶引反而更虧少，證明是「私賣盜販侵奪國課」。新上任的舒州通判胡儔，屢次條陳茶利，「今欲乞專委胡儔……前去江西產茶州縣，與守令及主管官共同措置。」他們的建議獲得批准，「詔胡儔特改添差通判隆興府，仍釐務」[108]。這項任命，直接關係江西茶葉出境貿易。僅此一節事情，已經揭示出江西茶葉的產銷對於「國課」，對於茶商、茶農的利益都有緊要關係。

臨安朝廷的收入，和湖廣總領所大軍的開支，皆隨江西茶利的分割而制衡。淳熙元年（1174）正月，湖廣總領所提出要求：在江西的長引茶十五萬貫內，把十三萬貫依前兩年例，換成短引，撥給該所變賣，接應大軍支遣。戶部考慮：「江西短引系行在指擬給賣之數，若盡行換給，有妨行在支遣」，若不適量換給，將使湖廣總領所缺錢，只能給十萬貫[109]。朝廷批准戶部建議，削減了三萬貫。增減的數額不大，卻有必要。嘉定十一年（1218），湖廣總領所言，在江南西路的茶引已撥下二四七萬六十八貫八五五文，「其錢實系應付本所」。足見江西的茶葉貿易，在南宋財政中有相當重要的地位。茶引中的「長引」，指商人交納的金帛、緡錢數額大，官府批給的茶多，販往邊關遠方貨賣，如輸錢百緡，運往陝西，茶以一二〇斤。「短引」，則是納錢較少，得茶亦少，就近貨賣，如輸錢二〇緡，茶以二十五斤。短引

108 《宋會要輯稿》，食貨三一之一七至一八。
109 《宋會要輯稿》，食貨三一之二二。

靈活，資金周轉快，湖廣總領所想多得短引，就是期待更快、更有把握地得錢支用。

茶引是否能全部賣出，直接影響朝廷收入。地方官僚為求早日多賣出去，便採取賒銷、攤派等手段，而這使民眾受害。紹熙五年（1194）九月，臨安的都茶場言，自乾道六年（1170）以後，歷次「給降茶引赴江西州軍出賣，拘錢起赴行在。訪聞州軍發賣遲細，多是賒賣與鋪戶等人」。這些鋪戶承受賒銷的負擔，「往往流移貧乏」。或者是「豪民武斷者乃請引管認茶租」，轉手將茶引「窮索一鄉無茶者使認茶」，招致「所至驚動，必欲厭其所欲，村畽受害無窮」[110]。此種禍害，在江西瑞昌縣尤其嚴重，趙崇憲指出「瑞昌民負茶引錢，新舊累積為緡一十七萬有奇，皆困不能償，死則以責其子孫」，受此禍害的民戶有千餘家[111]。這種禍害的一個惡果，就是茶商軍的爆發。

### 3. 名品茶事例

在隆興府產茶的各縣中，分寧、武寧二縣不僅產量居於前列，品質也是上乘。《宋史・食貨志》列舉南宋初年的名品茶葉六種：「雪川顧渚，生石上者謂之紫筍，毗陵之陽羨，紹興之日鑄，婺源之謝源，隆興之黃龍、雙井，皆號絕品也。」黃龍、雙井二品，皆分寧（今修水）所產。寧宗嘉泰四年（1204），隆興知府韓邈奏報說：「隆興府惟分寧縣產茶，他縣無茶」。事實是，

---

110 《宋會要輯稿》，食貨三一至三三。
111 《宋史》，卷三九二，《趙崇憲傳》。

江西的名茶很多，而韓邈獨只說這一種，如果不是別有隱情，則可以理解為官僚上層對茶的嗜好和推崇，只是那五六種最好的名品，雙井茶更因黃庭堅的名望而受到推崇。

物以人傳。雙井茶出產於黃庭堅家鄉，在大溪（名修水）中有雙井，上井可深四丈，下井六丈，沙石過而不入。特殊的地理環境，滋潤出獨特的茶葉。此茶因黃庭堅而重，固然是借其詩壇名望，但茶本身品質絕佳則是基礎。論產量，雙井茶每年才數斤。然而物以稀為貴。為著經濟效益，冒其名者多，並因而使雙井茶的影響更廣，這就是其好名聲帶來的效益。淳熙初年，吉州通判黃（庭堅之侄）送給周必大雙井茶，必大品嚐後寫道：「乃其祖塋所產，歲才收數斤，嘗其味絕不類草茶，向來所得，皆贗耳」[112]。

筠州（理宗初年更名瑞州）新昌縣（今宜豐）黃檗山所產的黃檗茶，北宋時期已經聞名於世，到了南宋後期，士大夫仍然在說：「江西瑞州黃檗茶，號絕品，士大夫頗以相餉。所產甚微，寺僧、園戶竟取他山茶，冒其名以眩好事者。黃魯直家正在雙井，其自言如此」[113]黃檗茶的「絕品」質量，使它贏得士大夫的青睞。寺僧、園戶競相取其他的茶葉冒名充數，這既是利潤所驅使，同時也反映其他的茶葉之品質不低。黃檗茶揚名於世，也與黃檗禪僧有關。

112 周必大：《文忠集》，卷一六六，《閒居錄》。
113 朱彧：《萍洲可談》，卷二。

　　黃檗山在新昌西部，是禪宗臨濟宗祖庭所在地。開宗祖師希運圓寂後，墓塔建在黃檗山，唐玄宗諡為「斷際禪師」，意為空前絕後之高僧。隨著希運與臨濟宗的社會影響擴大，黃檗茶相隨風靡於世。

　　江州廬山出產的雲霧茶，久享盛名。乾道三年（1167）三月，周必大由星子縣從山南上廬山，「南訪歸宗寺……又其上則石鏡溪，溪上直紫霄峰，鐵塔在焉。村民以二三月一往採茶，約十里云」。[114]村民爬一二十里山路，登上紫霄峰採茶，正是因為這裡的茶極不平凡。高山長年雲霧瀰漫，茶質特優。其名雲霧茶，當之無愧。世人珍重廬山雲霧茶，其銷路日益寬廣，到了南宋後期已經普及南北茶市。趙與時指出：

　　白樂天於潯陽舟中見商婦，賦《琵琶行》，其中有云：「商人重利輕別離，前月浮梁買茶去」，是時此商留家潯陽，而遠取茶於浮梁，始知潯陽之茶，唐未有也。今其行幾遍天下，而浮梁所產反不著。時代推移，而土地所生亦複變遷如此[115]。

　　這裡所說的「唐未有」、「遍天下」、「反不著」，都從商品茶市場銷售量考慮，應是屬實的。幾百年的時代更變，不同地段茶產量出現興衰起伏，不足為怪。

---

114 周必大：《文忠集》，卷一六九，《遊山錄》一。
115 趙與時：《賓退錄》，卷三。

吉州萬安縣出產的神潭茶,生長在贛江兩岸高山上,配以鵝公嶂流來的密溪水,味道尤為清香提神。詩人描述云:「萬安近說神潭茶,頗似文當屈宋衙。山中索居睡不足,碾寄盍令舒眼花」[116]。

《宋會要輯稿》記錄茶色等級名號,片茶(亦稱臘茶)系列:饒州有慶合、運合、仙芝、頭面、蠟面、頭骨、不及號七種;袁州有玉津、金片、綠英三種;虔州有泥片。

散茶系列:江州有下號;饒州有末茶、粗茶;洪州有上、中、下號;袁州有茗子、第一、第二、第三號;南康軍有中號、下號;撫州有散茶;筠州有散茶;臨江、南安、建昌軍各有散茶。賣茶價錢因茶的品級和各地行情而異。在收購和賣出之間差價很大,官府大獲其利。孝宗時期收購建昌軍的散茶每斤為十二文,而賣出為三十五文,相差二十三文,是二點九倍。

上猶縣出產的石磨,仍然是士大夫煮茶時喜歡使用的用具,譽為「上猶石磑天下無」。趙蕃的朋友李某任職南安軍,而上猶縣隸屬南安軍,所以他請這位友人幫助求得上猶石磨:「臼搗紛紛何所如,碾成更自治家模。不盡粉身兼碎骨,為看落雪又霏珠。體用同歸人力致,粗精孰愈磨工夫。舊聞此物獨君地,要伴筆床能寄無」[117]。

116 趙蕃:《淳熙稿》,卷十八,《簡莫令求茶》。
117 趙蕃:《淳熙稿》,卷十五,《寄南安李使君三章……其二從君乞南安石茶磨子》。

## 二　桑蠶與種棉花

### 1. 桑蠶生產與市場刺激

栽桑養蠶是農村傳統的副業，而綢絹為官貴和富裕人家的衣料，因此成了官府的重要賦稅項目。隨著社會對絲絹需求的增多，以及經濟開發區的延伸，農民為開拓生活來源、完成賦稅負擔著想，官吏為充實國庫、官爵陞遷考慮，都期望桑茂蠶壯，絲綢增多，所以栽桑養蠶區域擴大，繰絲織錦生產逐漸興盛起來，其副業的地位相應上升，乃至在一些地方成為主業，有大批養蠶為生的勞動者。

乾道八年（1172），信州桑葉驟貴，斤值百錢，於是有上饒縣沙溪農民張六翁棄蠶賣桑葉的行為，他家「有葉千斤，育蠶再眠矣，忽起謀利之意，告其妻與子婦曰：吾家現葉以飼蠶，尚欠其半……今宜悉舉箔投於江，而採葉出售，不唯百錢可立得，且輕快省事」[118]。張六翁棄蠶賣葉謀利，此舉是否妥當，姑且不論，當地桑蠶生產繁盛，市場交易活躍之狀，由此可見一斑。張家之蠶若飼養成熟，共需兩千斤桑葉，其育蠶規模不小；桑葉漲價，他寧可棄蠶賣葉，獲利更多，這反映了育蠶人家很多，桑葉需求量很大。張六翁家已經是養蠶專業戶。

淳熙十四年（1187），南昌地區所養蠶一時頓盛，以致桑葉價值陡漲，「過常時數十倍」。很多專業養蠶戶以蠶多為憂，買不起足夠的桑葉飼養，有人竟「舉家哭於蠶室」。或請僧人誦

---

118 洪邁：《夷堅志》，丁志卷六，《張翁殺蠶》。

經，然後把蠶兒送入贛江。或用大板浮蠶筐其上，旁邊放錢，字條上寫：「下流善友饒於桑者，願奉此錢以償，乞為育此蠶」。但是，南昌縣忠孝鄉民胡二，桑葉有餘，足以供餵養，卻「志於鬻葉以規厚利」，竟然埋蠶賣葉，結果受到蠶神的懲罰「報應」[119]。蠶盛桑貴，是絲綢需求趨旺所推動，市場經濟打破了育蠶與栽桑原來的平衡關係，生產者遂有不同的適應方式出現。胡二乘機謀利，是貪心不仁，在道德上受到譴責。經濟生活與觀念形態的變異，正是在這種經濟形勢發展中悄悄地滋生起來。

乾道六年（1170），陸游在臨川、金溪農村巡遊，寫《小憩前平院戲書觸目》說：

稻秧正青白鷺下，桑椹爛紫黃鸝鳴。村爐賣茶已成市，林薄打麥唯聞聲。

泥行扶犁吒新犢，野餉燒筍炊香粳。十年此樂發夢想，忽然到眼難為情。

上車欲去復回首，那將暮境供浮名。[120]

詩人看見稻桑麥茶諸種作物，耕田、打麥、送飯、集市各種場面，一片勞作繁忙，生氣旺盛的景象，多年的夢想出現在眼前，令他留戀回首，不忍離去。由於社會安定，不誤農時，農業

119 洪邁：《夷堅志》，丙志卷七，《南昌胡氏蠶》。
120 陸游：《劍南詩稿》，卷十二。

興旺，市場貿易也活躍起來，「村爐賣茶已成市」，原來的小塊茶爐之地已變成了熱鬧的集市，這是非常生動的事例，社會進步就是在農業興旺、農村活躍、農民富裕中實現的。

上饒的張六翁，南昌的胡二，只是前後兩個棄蠶賣葉的案例，「村爐賣茶已成市」是陸游所見的一個鄉村市場，然而它們反映出來的商業經濟氣象則是帶有普遍性。農村的習俗一般是「民自耕桑外無他業」，然而商業的活絡，利潤的刺激，必然使人多一個心眼，尋求保障勞動收益、避免損失的途徑。參加市場交易，及時轉變自我的地位，則是最好的方式。進入市場的人一日多過一日，昨日的茶亭自然擴大成今天的圩市。蠶桑生產比種植糧食的週期更短，而且與貨幣收入聯繫緊密，故而受市場形勢的推動，發展變異更快。

**2. 各地桑蠶的普遍發展**

袁州：蠶桑生產多了，地方官將蠶桑和農耕置於同等地位，祈求神靈庇佑，風調雨順，糧繭俱增。南宋後期，袁州知州劉克莊寫《啟黃籙醮疏》說：「粵自比年繭絲哀斂之餘，裡閭愁嘆」；《謝晴疏》又說：「民力農桑，方患積陰之慘，吏憂蠶麥，願開霽色之祥。」他從江西去湖南，走到萍鄉，見田野桑蠶生產欣欣向榮，賦詩曰：「聞說萍鄉縣，家家有絹機。荒年絲價貴，未敢議寒衣」。自湖南返回，過萍鄉時又曰：「丁男放犢草間嬉，少婦看蠶不畫眉。歲暮家家禾絹熟，萍鄉風物似豳詩。」[121]

---

121 劉克莊：《後村集》，卷五，《萍鄉》；卷六，《湘南江西道中十首》之

吉州：農民以耕桑為業，祈求蠶熟谷豐。楊萬里介紹吉水縣民俗：「今年上元家裡住，村落無燈唯有雨……兒女炊玉作繭絲，中藏吉語默有祈：小兒祝身取官早，小女只求蠶事好。」在吉州各縣之中，吉水縣的蠶絲產量最多：「吉之為縣八，吉水為大。……粟米、繭絲之徵，視七邑兼之矣」[122]。

泰和縣的桑麻種植也有進展，紹興年間的知縣陳則提倡農桑，對鄉民中一些「不耕不桑」的人進行勸導，並能在「公暇課隸役種桑麻公圃中」[123]。

萬安縣，胡銓對其物產之盛，曾作如此描述：「其竹樹連山，桑麻夾道，茶冠異品，魚嘯四時」[124]。

撫州：桑麻生產在南宋初期受破壞比較重，到孝宗以後恢復發展較快。紹興初年，撫州知州汪藻《撫州奏乞罷打造戰船等事》疏報告農村凋敝事實：「江西地理素薄，民生甚微，方此耕桑之時，舉家視田蠶盺盺然，不得為卒歲衣食之計」。[125]民生甚微，是戰亂環境所致，官府無休止的徵索，兵匪殘暴的掠奪，使農民眼看田蠶而難為卒歲之計。紹興和議以後，宋金對峙局面趨於穩定，大環境有所改善，撫州農業生產走向復甦，重新發展起來。孝宗乾道六年（1170），陸游出任江西提舉常平茶鹽公事，

---

六。
122 楊萬里：《誠齋集》，卷五，《上元夜，裡俗粉米為繭絲……》；卷七二，《吉水縣近民堂記》。
123 同治《泰和縣誌》，卷五，《宦績》。
124 光緒《江西通志》，卷六八，《廨宇三・胡銓（萬安）廳壁記》。
125 汪藻：《浮溪集》，卷一。

衙署在撫州，於十二月來上任，他體驗民生實情，見到臨川、金溪一帶的農桑生產已經很旺盛，於是寫了《上巳臨川道中》、《金溪道中》等詩篇，描述「纖纖女手桑麻綠」，「駕犁雙犢健，煮繭一村香」的誘人氣息。

信州：鉛山縣，辛棄疾寓居此地，他描寫鄉間情景的詩篇中，有不少說到蠶桑，例如：「看雲連麥壟，雪積蠶簇」；「誰家寒食歸寧女，笑語柔桑陌上來」；「陌上柔桑初破芽，東鄰蠶種已生些」；「牛欄西頭有桑麻，青裙縞袂誰家女，去趁蠶生看外家」。[126]柔桑茁壯，幼蠶剛生，蠶女歡悅的氣氛躍然筆端。

玉山縣，農民育蠶有火蠶、冷蠶、冰蠶等多個品種。建炎初定居玉山的趙蕃說：「火蠶較早冷蠶遲，晏飯忘眠敢嘆疲？繰車響罷促機舒，蓋體到頭無一絲。」[127]楊萬里《過玉山東三塘》稱：「繰車香裡過征衫，白繭黃絲兩兩三。不是秋風上饒路，一生不信有冰蠶。」[128]他們詩中提到的冷蠶、冰蠶是否為一種，待考。

弋陽縣，蠶婦的辛勤勞作在謝枋得《蠶婦吟》中有生動的描寫：「子規啼徹四更時，起視蠶稠怕葉稀」。他的《謝劉純父惠布》向友人介紹信州、饒州一帶蠶桑生產的盛況：「吾知饒信間，蠶月如歧邠。兒童皆衣帛，豈但奉老親。婦女賤羅綺，賣絲

---

126 辛棄疾：《稼軒長短句》，卷四《山居即事》；卷九《鵝湖歸病起作》，《代人賦》，《游鵝湖書酒家壁》。
127 趙蕃：《章泉稿》，卷四，《蠶婦》。
128 楊萬里：《誠齋集》，卷二六，《過玉山東三塘》五首之五。

買金銀。」[129]

饒州：蠶桑之盛不亞於其他州縣，官至宰執的洪適，竟然也在自家園地裡組織桑蠶生產。他的盤洲別墅中，有「沃桑盈陌，封殖以補之，厥亭繭甕」。為什麼建一個「繭甕亭」？他說：「倚欄課條桑，作繭看成甕。我亦效吳蠶，踏破愁清夢。」[130]

關於鄱陽、樂平、餘干、安仁（今余江）、德興諸縣栽桑育蠶的人事活動，洪邁《夷堅志》有不少細緻的描述。例如：

「樂平縣西三十五里，地名龍漩渦……官道旁桑園中一穴」；

「安仁縣崇德鄉民曹三妻黃氏……在生之日，辛苦看蠶，緝麻苧，三年艱辛，織得綢絹三十匹，布十五匹」；

「德興民丁六翁，與同邑陸二翁為姻家，其居隔一都，皆致力農桑，為上戶」[131]。

南康軍：星子縣的農業條件比較差，種植業不如別處發達，但是水平的差距不等於沒有蠶桑生產，一些地方官也比較重視農耕，散發相關的種養技術資料，勸諭民眾栽桑育蠶。淳熙六年（1179）朱熹知南康軍，發布《勸農文》，敦促農民講求「農畝蠶桑之業」，「桑柘麻苧之功」，並將「星子知縣王文林種桑等法再行印給」。朱熹在《戒約上戶體認本軍，寬恤小民》文告中，

129 謝枋得：《謝疊山全集校注》，卷五。華東師範大學出版社一九九四年版。
130 洪适：《盤洲文集》，卷九，《繭甕亭》。
131 洪邁：《夷堅志》，支乙卷三《龍漩窩》，支丁卷七《餘干譚家蠶》，三志巳卷九《曹三妻》，支庚卷一《丁陸兩姻家》。

特別寫明：當貧窮小民無力償還債務之時，豪富不得強令將住宅、桑園、田地、折價償還。[132]

南安軍：嘉定十六年（1223）豐城徐鹿卿任南安軍學教授，寫《愛山堂七絕句》，內有句云：「比屋桑麻三月雨」；給知軍馮宮教的詩說：「竹馬兒童喜欲狂，循良太守似龔黃。倉庚百囀蠶桑啟，布穀一聲粳稻香。」[133]

贛州：境域廣闊而地多山，「俗喜麻苧」，素以白苧布為土貢，到了南宋時期，蠶桑生產也有發展。孝宗乾道年間，贛州知州王楠瞭解到當地蠶桑鮮少，遂下令「課種桑，多者減役贖罪」[134]，通過賦役和刑罰的強制性手段，刺激農民種桑，育蠶織絹，客觀上會刺激桑園面積擴大。在這之後，辛棄疾於淳熙二年（1175）任江西提刑，在吉贛等地撲滅茶商軍，曾任贛州通判的羅願賦詩頌其政績稱：「氛霧果盡廓，十州再桑麻」[135]。到了度宗咸淳六年（1270）七月，新任贛州知州李雷應來了，風調雨順，農業豐收，士民說這是神在庇佑，李雷應於是湊集錢糧重修了「嘉濟廟」。第二年四月，他升任荊湖南路提點刑獄，文天祥寫修廟記，說李治贛的政績：「粟米在市，蠶麥滿野，雞犬相聞，達於嶺表」[136]。李雷應在贛州任上只約一年，當地粟米蠶麥

---

132 朱熹：《晦庵集》，卷十六，別集卷九。
133 徐鹿卿：《清正存稿》，卷六，《勸農上宮教》。
134 孫衣言：《甌海記聞》，卷十一。
135 羅願：《羅鄂州小集》，卷一，《送辛殿撰自江西提刑移京西漕》。
136 文天祥：《文天祥全集》，卷九，《贛州重修嘉濟廟記》。江西人民出版社一九八七年版。

豐盛的成果，該是農民多年辛勤勞作的結晶。

以上事例證明，南宋江西全境都在栽桑養蠶，蠶絲業在江西經濟中已經占有很重要的地位。

### 3. 棉花的開始種植

南宋後期，在江西部分州縣農村，已開始種植棉花。這方面的事例在一些詩文中能夠見到。撫州臨川縣人艾可信《木棉》詩曰：

收來老繭倍三春，匹似其棉白三分。車轉輕雷秋紡雪，弓彎半月夜彈云。衣裘卒歲吟翁（翁？）暖，機杼終年織婦勤。聞得上方存節儉，區區欲獻野人芹。[137]

艾可信生卒年不詳，咸淳四年（1268）進士，宋亡不仕。此詩的語氣是描述家鄉種植木棉、紡織棉布的情況，並認為皇帝若倡導節儉，就應推廣種植木棉，這是他獻給朝廷的民意——「野芹」。此詩寫作的確切年代難斷定，看作宋末元初該無大問題，然而種棉的事實必然是更早。

同時代的另一位臨川人艾性夫，寫《木棉布歌》，詳盡地描述出種棉織布的情景：

137 陸心源：《宋詩記事補遺》，卷七五引《江西詩征》，轉引漆俠《宋代植棉考》，收入《探知集》，第 281-295 頁，河北大學出版社一九九九年版。

吳姬織綾雙鳳花，越女制綺五色霞。犀熏麝染脂粉氣，落落不到山人家。蜀山橦老鵠銜子，種我南園趁春雨。淺金花細亞黃葵，綠玉苞肥壓青李。吐成秋繭不用繅，回看青箔真徒勞。烏筍滑脫茸核，竹弓弦緊彈雲濤。按挲玉筋光奪雪，紡絡冰絲細如髮。津津貧女得野蠶，軋軋寒機緯霜月。布成奴視白氎氎，價重唾取青銅錢。何須致我爐火上，便覺挾纊春風前。衣無美惡暖則一，木棉裘敵天孫織。飲散金山美玉簫，風流未遜揚州客。[138]

艾性夫的這首棉布歌，描述了棉花種植、棉桃綻放、剝棉籽、彈棉花、織棉布的過程，棉布保暖的效果，以及對棉布價值的評判，實為撫州種棉花發展棉紡織生產的珍貴資料。這兩位詩人的詩作證明，撫州臨川農村的木棉生產，開始於南宋後期的結論，應是沒有疑義的。

吉州廬陵農村，在南宋後期也有了棉花生產。生活在宋末元初的劉詵（1265-？），廬陵人，寫家鄉農民生活，旱地作物興旺，有種棉花、紡棉紗、織棉布之事。其《野人家》詩說：「野人家，瓦少茅半遮。牆外橫青山，牆頭出葵花。繞屋桐樹繞屋麻，地碓舂粟如黃芽……月色夜夜照紡車，木棉紡盡白雪紗。」在《田家詠》中說：「田家務生理，機車夜紛然。少多有程度，夜久始安眠」，「秋棉吐圃花，南市酒可博。」[139]

---

138 艾性夫：《剩語》，捲上，《木棉布歌》。
139 劉詵：《桂隱詩集》，卷二、卷一。

撫州、吉州已經在種植棉花，贛南、贛東北等地有沒有，很難確定。如果木棉是從福建傳入江西，那麼信州、饒州也是傳播必經之地，但是謝枋得《謝劉純父惠木棉布》詩，卻是明白地說饒、信間「兒童皆衣帛」，「所以木棉利，不畀江東人」[140]。至於嶺北的贛州、南安軍山區農村，也許因為土壤、氣候等地理條件不適宜棉花生長，所以至今仍然不是棉花產地。

鑒於以上事例，再參照元朝的幾條政令，可以得到更確切的認識：

《元史・世祖紀》：至元二六年（1289），在浙東、江東西、福建、湖廣設置木棉提舉司，以為推廣植棉的主管機構。又據《元典章》載，至元二九年（1292），命江西行省「於課程地稅內折收木棉白布，以後年例必須收納」；元貞二年（1296）九月十八日，令「江南百姓每（們）的差稅，亡宋時秋夏稅兩遍納有：夏稅木棉、布、絹、綿等……江東、福建、湖廣百姓每夏稅依亡宋體例交納呵」[141]。元朝在滅亡南宋不久，確定的這些賦稅政策，是在南宋既成事實基礎上的繼承和發展，是南宋江西等地已經種棉花、納棉布的證明。

## 三　果樹種植與果蔬生產專業化

洪州、臨江軍、吉州、饒州、撫州等地都有柑橘生產的歷

---

140 謝枋得：《疊山集》，卷三。
141 《元典章》，卷二六，卷二四。

史，在南宋已經形成經濟優勢，常見於士大夫的詩文中。吉州等地出產的金桔，有很大的社會聲望，和廣闊的市場效益。高宗晚年，問陪同飲宴的周必大、洪邁家鄉的著名物產，洪邁是鄱陽人，以鄱陽湖區的水產回答：「沙地馬蹄鱉，雪天牛尾狸」。周必大是盧陵人，以丘陵山區的山珍為對：「金柑、玉版筍，銀杏、水晶蔥」[142]。周必大將金柑作為地方名品說出，可能是提醒高宗回憶，百年以前此果已經進入汴京，歐陽修記載說，仁宗溫成皇后「尤好食之，由是價重京師」。金柑具有三大優勢：一是味甜微酸，清香特具，口感悠長；二是有通宣理肺，化痰鎮咳的明顯功效，為食療佳品；三是植株矮小，果如彈丸，金黃鮮亮，觀賞性強。所以，在銷售金柑同時，金柑樹也會被商人一起買走。寧宗時期，德興張世南介紹說：「金桔產於江西諸郡，有所謂金柑，差大而味甜。年來商販小株，才高二三尺許，一舟可載千百株。其實纍纍，如垂彈，殊可愛。價亦廉，實多根茂者，才直二三鐶」[143]。這種連樹同時出售的金柑貿易，勢必大面積種植，趨向專業化。果實多而根系發達的一株才賣「二三鐶」，就是二三枚銅錢，確實價廉。商人舟載而去，銷售市場主要在長江中下游地區。浙江溫州號稱柑橘品種最多，但其所產金桔結實雖然繁多，卻是「味不可食，惟宜植之欄檻中」[144]。因此，江西金

---

142 羅大經：《鶴林玉露》，卷五，《肴核對答》。
143 張世南：《遊宦紀聞》，卷二。
144 韓彥直：《橘錄》，卷中。據韓彥直序，此《橘錄》寫於淳熙五年（1178）。

桔市場銷路很好。

　　萬安縣，城郊附近，家家戶戶都栽有柑橘，還出產像蜜一樣甜的梨。曾任泰和縣主簿的趙蕃回憶道：「憶過萬安連廓，家家碧樹團欒。想見如今霜後，摘來可口甘酸。」他又聯想到唐、北宋嶺南、福建進貢荔枝的禍害說：萬安「天生尤物為民瘝，荔枝奔騰自南海。後來始說閩部采，亦有風人刺丁蔡。嗟哉萬安十室邑，橘比江陵梨號蜜。嘗聞舊日事包苴，千數私家公百十。莫侯為令知其然，罷獻初從使者先」。生產出著名的果品，卻因而給民眾帶來災難。曾經當作貢品徵收的柑橘，在徵收過程中，「千數私家公百十」，上交朝廷的大約十分之一，多數被官吏幹沒了，莫知縣瞭解這個弊病，才罷除了這項貢納[145]。

　　贛江中游的豐城、清江、新淦沿江一帶，可以看到茂盛的橘林風光，這裡是又一個專業生產柑橘的基地。乾道八年（1172），范成大去四川，坐船經過江西，在日記中寫道：「（閏十二月）九日，宿市叉，沿岸居人煙火相望，有樂郊之象。十日，宿上江。兩日來帶江悉是橘林，翠樾照水，行終日不絕。林中竹籬瓦屋，不類村圩，疑皆種橘之利。江陵千本，古比封君，此固不足怪也」。再往南航行，在清江、新淦境內依然是橘林聯片，范成大賦《清江道中橘園甚伙》詩云：

---

145 趙蕃：《淳熙稿》，卷十六，《從莫萬安覓柑子並以玉山沙藥合寄之六言三首》之一；卷五《寄莫萬安》。「丁蔡」，指北宋丁謂、蔡京。

芳林不斷清江曲，倒影入江江水綠。未論萬戶比封君，瓦屋人家衣食足。

暑風泛花蘭芷香，秋日籬落明青黃。客舟來遲佳景盡，但見碧樹愁春霜。[146]

贛江中游「芳林不斷」的繁榮氣象，不是短期間所能形成，也不是只見於一時，聞名於世的紅橘產地新淦縣三湖鎮，就是在柑橘經濟基礎上發展起來的。繁盛的柑橘生產，又支撐起樟樹鎮的中藥材市場。樟樹藥市是以地道的枳殼供應為特色，而這裡出產的紅橘，正是枳殼的原料。紅橘——枳殼——藥市，三者彼此促進，良性循環，將柑橘種植和樟樹藥市推向興旺階段。

農民以種橘為主，經濟收益比較高，當時「橘一畝比田一畝利數倍」，故而衣食足，住瓦屋，比單純種糧的村圩更富裕。橘農世代積累的種橘經驗，使他們有了比較見效的保鮮技術，在端平年間（1234-1236）已採用「松毛、綠豆藏橘，可以久留」的貯藏方法。從北宋歐陽修說的金桔藏在綠豆之中，到三湖農民用「松毛、綠豆藏橘，可以久留」，證明這是江西橘農貯藏保鮮的成功經驗，因而廣泛長久地沿用下來。

饒州的柑橘生產由普通農民的村莊，傳入權貴人家的庭院。洪适的「盤洲別墅」中有品種繁多的果樹，實際上是一個大型的果木種植場。他的《園中觀種樹》詩有句云：「旋移朱橘添盧

---

146 范成大：《驂鸞錄》。

橘,更揀紅花間白花」。[147]其別墅中建有「橘友亭」,所栽柑橘品種有繡橘、脆橙、金桔、羅柑等多種。此外,還有櫻桃、葡萄、雪梨、鵝梨、西瓜、罌粟、木瓜、矮桃、崑崙桃、朝天李、破核李、嘉慶子等果品。

西瓜,原產非洲,亦說在中亞,尚無定論。生長在沙質土壤,適應乾旱和溫差較大的生長環境,能儲存大量汁液,為其他果品所不可比。西瓜什麼時候傳入我國,農學家還無確切答案。可以肯定的是,最先傳到我國新疆地區,大約在唐末五代傳到中國北方的契丹遼國統治地區[148]。女真人滅遼、滅北宋,在中國北部廣大地區建立金朝,南宋初年洪皓出使金朝被拘留十五年,紹興十三年(1143)被釋放回歸,記錄所見有西瓜:「西瓜形如馬蒲而圓,色極青翠,經歲則變黃,其瓞類甜瓜,中有汁,尤冷」,並說:「予攜(西瓜籽)以歸,今禁圃、鄉圃皆有,亦可留數月,但不可經歲」[149]。從歷史事實來看,我國西瓜的栽種與傳播,是從新疆到東北,再南下至中原,至江南。在江西、在臨安栽種西瓜,是從南宋紹興十三年以後開始。其子洪適在自己的

---

147 洪适:《盤洲文集》,卷六。

148 歐陽修:《新五代史》,卷七三,《四夷附錄第二》:胡嶠在契丹生活七年,於廣順三年(953)回歸中原,錄所見為《陷虜記》,其中說:「自上京(今內蒙古巴林左旗南)東去四十里,至真珠寨,始食菜。明日,東行……入平川,多草木,始食西瓜,云契丹破回紇得此種,以牛糞覆棚而種,大如中國冬瓜而味甘」。

149 洪皓:《松漠記聞》續。《豫章叢書・史部一》,江西教育出版社二〇〇〇年版,第107頁。

「盤洲別墅」種了西瓜，寫《西瓜》詩說：「萬里隨虜使，分留三十年。甘棠遺愛在，一見一潸然。」

洪適別墅中的嘉慶子，也是從北方帶來種子栽培的。紹興三十二年（1162），洪邁出使金朝，遇到嘉慶子熟了，「帶其核歸種」。洪适說此果「雪豔胭脂萼，京都核遠來。遊人初識面，不作李花猜」[150]。「盤洲別墅」如良種繁育基地，但其主要供洪家享用，對市場的影響很微末。

蔬菜種植也有專供出賣者。洪州城內東湖南邊住的蘇翁，既是一個隱士，又是一個菜農。他在紹興兵火之年從四川來此居住，使用長柄巨鍤，披荊棘，轉瓦礫，闢廢地為菜園，栽培蔬菜，按品種分區，有的搭架，有的設籬，四季蔬菜，供應不闕。他種菜有考究，「藝植耘芟皆有法度，灌注培壅時刻不差。雖隆暑極寒，土石焦灼，草木凍死，圃中根荄芽甲，滋郁暢茂，以故蔬不絕圃，味視他圃蔬為最勝。市鬻者利倍而售速，每先期輸直，不二價，而人無異辭」。蘇翁可謂高級農藝師，既是生產能手，又是銷售行家，以優質商品取勝，以誠信贏得市場[151]。蘇翁是獨立的蔬菜個體生產者，既不受僱於別人，也不僱傭別人勞作，生產與銷售結合，在高水平上運轉。南昌其他的「蔬圃」，在經營方面次於他，性質上也可能不全是獨立的個體生產者。

南安軍大庾縣隱者，人稱南安翁，也是「種園為生」的菜

---

150 洪適：《盤洲文集》，卷九，《嘉慶子》。
151 張世南：《遊宦記聞》，卷三。

農。他家住在城外，「茅茨數椽」，周圍竹樹茂密，老者已經十五年不進城。菜園勞作靠兩個兒子，大兒十八九，小兒十四五。有一天，其「大兒於關外鬻果失稅，為關吏所拘」，送進南安軍衙門杖打，南安翁懇求郡守曰：「某老鈍無能，全藉其力贍給」，若他被杖打不能勞作，則明天就沒有吃了，我願替他受杖[152]。「鬻果失稅」被拘，將杖打，證明南宋賣蔬果要納稅。稅額高低，因胥吏而定，各地也會有異。

商家兼營蔬菜生產與貿易，可以撫州王明為例。「臨川市民王明，居廛間貿易，資蓄微豐，置城西空地為菜圃，雇健僕吳六種植培灌，又以其餘者俾鬻之。受傭累歲，紹熙辛亥（1191），力辭去，留之不可，王殊恨恨」[153]。王明是市面上的商人，又經營菜圃，把自家食用之餘的蔬菜讓雇工拿去出賣。吳六是被僱傭的「健僕」，或稱「客作兒」、「僕」，雖然社會地位低下，但不是奴隸，有獨立的人格身分，可以自己決定去留。

有人專門種蔬菜出賣，就有人需要買菜食用，反映小農經濟的商品化程度在提高，洪州、撫州、南安軍等行政中心、交通要沖地帶的城市化水平也在發展。

152 趙與時：《賓退錄》，卷四。上海古籍出版社一九八三年版，第50頁。
153 洪邁：《夷堅志》，支志甲集卷五，《灌園吳六》。

## 第五節 ▶ 捕魚與魚苗生產

### 一　湖區捕魚與習俗

　　鄱陽湖是吞吐型的大淡水湖，既彙集了江西境內的贛江、撫河、信江、饒河、修水等五大河系的流水，又注江入海，與更廣闊的水域聯通，浩瀚的湖面，繁茂的湖草，為各類魚蝦洄游，產卵繁殖，準備了良好的生存條件，因而成為我國最大的天然淡水魚庫，也是優越的魚苗生產基地。湖濱的江、饒、洪州、南康軍十餘縣的捕撈生產都很發達，專業漁民很多，以捕魚、培育魚苗為主要職業，世代相承，積累了豐富的捕撈養殖經驗。南宋時期，鄱陽湖區的捕魚和培育魚苗生產，已經有濃厚的商品經濟性質。每當捕魚季節，湖上看到的捕撈場面異常壯觀，漁獲量極其豐富。理學家楊時（福建將樂人）看過鄱陽湖漁民打魚，寫《鄱陽湖觀打魚》說其盛況。一網下去，撈上來滿沙灘的魚蝦，給漁民帶來充裕的生活資料和可觀的經濟收入。但楊時此刻聯想的是，「小人」圖口腹之慾，而他不能「忍視萬魚急，幽潛不足恃」。

　　捕魚為什麼稱「打魚」？打字在這裡有含義嗎？有。另一位親歷湖上打魚的人說：「鄱陽湖水連南康軍江一帶，至冬湖水落，魚盡入深潭中。土人集船數百艘，以竹竿攪潭中，以金鼓振動之。候魚驚出，即入大網中，多不能脫。唯大赤鯉魚，最能躍出，至高丈餘後，入他網中，則不能復躍矣，蓋不能三躍

也」。[154]現在湖區漁民冬季捕魚，依然使用敲打法，驚動深水之魚，既敲鑼打鼓，也有用竹棒敲打船幫，或竹槁互敲。

湖區漁民世代積累起來的經驗中，有一條很特別，竟然是需求蜀中的猴皮為餌，專釣白魚。都陽彭仲訥送其兄仲和往臨安，設宴於都江之南天王寺，見江岸漁民數十人坐在廊下，探籌相向，正議決某事。彭心好奇，問議何事？曰：「有川客持一獼猴皮來，售其價十三貫足，我曹恰二十六人，各人出錢五百分買，今將割裂以去」。彭曰：一隻猴子的價值很低微，哪有買一張皮要這樣貴？漁人曰：「是川中猴皮，以置鉤上，用釣白魚，百無一失。一番入水則愈更緊，久而不壞，如吾鄉土產者，皮著水即爛，只堪三兩次用耳。故不惜高價，唯恐失之。」[155]白魚是都陽湖中的珍貴魚種，它以魚蝦為食，通體白色，嘴部翹起，性情凶猛，肉質鮮嫩。

湖濱水域有許多大小湖塘，多般為私家占有，稱作某家池，如范家池，就是姓范的大戶占有的捕魚處。每當捕魚季節塘主捕撈過後，就放開讓別人去捕漏網之魚。進賢縣北部有小湖名十里塘，楊萬里眼見「漁者紛集，勞而無獲，蓋塘主已盡其利，因不禁漁者故也」。剛開始大家都沒有捕到，他為之嘆惜。稍後重新撒網，竟然得到一些，他賦詩道：「漁者都星散，那知不是真。忽然重舉網，何許有逃鱗。暗漉泥中玉，光跳日下銀。江湖無避

154 馬永卿：《懶真子》，卷四。
155 洪邁：《夷堅志》，丁志卷十，《蜀獼猴皮》。

處，而況野塘濱」[156]。

## 二　池塘養魚與魚苗運銷

在湖區捕撈業興旺的同時，丘陵地區的池塘養魚業也得到發展，在很大程度上彌補了江河自然魚類生長的不足。南宋時期池塘養魚生產在北宋基礎上繼續興盛，魚苗業跟著發展起來，「江湖間築池塘養魚苗，一年而賣魚。插竹其間，以定分數，而為價值之高下，竹直而不倚者為十分，稍攲側為九份，以致於四五分者。歲入之利多者數千緡，其少者亦不減數十百千」。[157]贛東的建昌軍一帶池塘養魚很多，南城縣居民食魚，主要靠池塘飼養，盱江捕撈的魚都比較小：「郡無大魚，江中所得，極不過一二斤，他皆池塘中豢養者耳」。[158]但在淳熙八年（1181）春，境內久雨，盱江水張，楊某在江邊竟然釣得一條重百斤的大魚。贛州雩都縣曲陽鋪東邊的廖少大，「所居有兩塘，各廣袤二十畝，田疇素薄，只仰魚利以資生。……每歲獲直不下數百緡。」[159]這個「仰魚利以資生」的廖少大，顯然是養魚專業戶，可見養魚業在雩都的發展程度不低。養魚的經濟利益大，故而有魚塘的人戶，以及專業養魚者增多。金溪士人何少義家也有魚塘，每年冬天

---

156 楊萬里：《誠齋集》，卷二六，《十里塘觀魚》、《再觀十里塘捕魚有嘆》。
157 范鎮：《東齋紀事》，卷五。
158 洪邁：《夷堅志》，支乙卷十，《楊壽子》。
159 洪邁：《夷堅志》，支丁卷三，《廖氏魚塘》。

「取池魚為鮓醢」，以便經常有魚吃。

　　鄱陽湖濱水域多水草，適於魚類產卵，是魚苗繁殖的集中區。漁民採集魚苗，銷售至於建昌（治江西南城縣），福建福州、建州，浙江衢州、婺州等地，推動了當地養魚業。浙江會稽、諸暨縣以南，「大家多鑿池養魚為業，每春初，江州有販魚苗者，買放池中，輒以萬計。方為魚苗時飼以粉，稍大飼以糠，久則飼以草。明年賣以輸田賦，至數十百緡」[160]。這是紹興府地區的「大家」——富裕戶的養魚經濟，以出賣池魚的收入繳納田賦，透視出養魚業在經濟上超過種植業。由於魚苗需求量大，因而湖區的魚苗業持久旺盛，南宋後期的周密記載說：

　　江州等處水濱產魚苗，地主至於夏皆取之出售，以此為利。販子湊集，多至建昌，次至福、建、衢、婺。

　　其法：作竹器似桶，以竹絲為之，內糊以漆紙，貯魚種於中，細如針芒，戢戢莫知其數，著水不多。但陸路而行，每遇陂塘，必汲新水，日換數度……又擇其稍大而黑鱗者則去之，不去則傷其眾，故去之。終日奔馳，夜亦不得息，或欲少憩，則專以一人時加動搖。蓋水不定，則魚洋洋然，無異江湖，反是則水定魚死，亦可謂勤矣。

　　至家，用大布兜於廣水中，以竹掛其四角，布之四邊出水面尺餘，盡縱魚苗於布兜中，其魚苗時見。風波微動則為陣，順水

160 施宿：《嘉泰會稽志》，卷一七。

旋轉而遊戲焉。養之一月半月，不覺漸大而貨之。或曰：初養之際，以油炒糠飼之，後並不育子。[161]

　　江州魚苗主產地是湖口、九江、瑞昌諸縣，漁民每年從五至七月「桃花水」季節開始，在江湖邊沿捕撈天然魚苗，到入伏時期結束，此即「地主至於夏取之出售」。「初養之際，以油炒糠飼之，後並不育子」，吃過油炒米糠的魚苗，長大以後不會產卵，這是湖區漁民的專利技術，目的是使養魚戶必須仰賴湖區魚苗。這項絕招，不是魚苗產地的漁民，不可能仿效施用。魚苗都是供外地養魚戶飼養，故而「販子湊集」，憑藉他們居中販運，沿途的辛勞也是局外人體驗不到的。「以此為利」者包括了湖區漁民、魚苗商販、池塘養魚戶，由鄱陽湖區擴展至於千里之外，可見利益之厚，亦見魚苗業和養魚業之盛。竹絲編織的魚苗桶，一稱魚簍，因其內面要糊紙並塗以桐油，使裝水不漏，故又稱油簍。這種裝運魚苗的工具，一直使用至於二十世紀以後。江州魚苗生產，對江南地區養魚業的興盛貢獻很大，豐富了廣大民眾的副食品供應，也促進了各地城鄉商品經濟的發展。

---

161 周密：《癸辛雜識》，別集，卷上。

江西文庫 A0701A15

# 江西通史：南宋卷　第二冊

| | |
|---|---|
| 主　　編 | 鍾啟煌 |
| 作　　者 | 許懷林 |
| 責任編輯 | 楊家瑜 |

| | |
|---|---|
| 發 行 人 | 陳滿銘 |
| 總 經 理 | 梁錦興 |
| 總 編 輯 | 陳滿銘 |
| 副總編輯 | 張晏瑞 |
| 編 輯 所 | 萬卷樓圖書股份有限公司 |
| 排　　版 | 菩薩蠻數位文化有限公司 |
| 印　　刷 | 百通科技股份有限公司 |
| 封面設計 | 菩薩蠻數位文化有限公司 |

出　　版　昌明文化有限公司

桃園市龜山區中原街 32 號

電話 (02)23216565

發　　行　萬卷樓圖書股份有限公司

臺北市羅斯福路二段 41 號 6 樓之 3

電話 (02)23216565

傳真 (02)23218698

電郵 SERVICE@WANJUAN.COM.TW

大陸經銷　廈門外圖臺灣書店有限公司

電郵 JKB188@188.COM

ISBN 978-986-496-187-0

2018 年 1 月初版

定價：新臺幣 300 元

如何購買本書：

1. 轉帳購書，請透過以下帳戶

合作金庫銀行　古亭分行

戶名：萬卷樓圖書股份有限公司

帳號：0877717092596

2. 網路購書，請透過萬卷樓網站

網址 WWW.WANJUAN.COM.TW

大量購書，請直接聯繫我們，將有專人為您

服務。客服：(02)23216565 分機 610

如有缺頁、破損或裝訂錯誤，請寄回更換

國家圖書館出版品預行編目資料

江西通史 南宋卷 / 鍾啟煌主編.-- 初版. --

桃園市：昌明文化出版；臺北市：萬卷樓

發行, 2018.01

　冊；　公分

ISBN 978-986-496-187-0 (第二冊：平裝). --

1.歷史 2.江西省

672.41　　　　　　　　　　107001898

本著作物經廈門墨客知識產權代理有限公司代理，由江西人民出版社授權萬卷樓圖書
股份有限公司出版、發行中文繁體字版版權。

本書為金門大學華語文學系產學合作成果。　　　　校對：陳裕萱／華語文學系二年級